다시 시작하는 영어

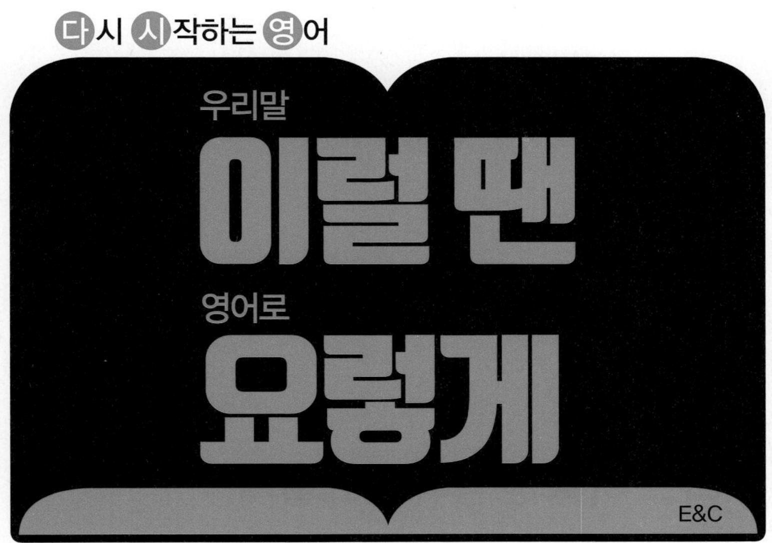

MENTORS

영어말하기
우리말 **이럴땐** 영어로 **요렇게**

2019년 07월 15일 인쇄
2019년 07월 22일 발행

지은이 E & C
발행인 Chris Suh
발행처 **MENTORS**

경기도 성남시 분당구 분당로 53번길 12 313-1
TEL 031-604-0025 **FAX** 031-696-5221
www.mentors.co.kr
blog.naver.com/mentorsbook

* Play 스토어 및 App 스토어에서 '멘토스' 검색해 어플다운받기!

등록일자 2005년 7월 27일
등록번호 제 2009-000027호
ISBN 979-11-86656-78-5
가 격 15,000원(MP3 무료다운로드)

머리말

영어회화 성공여부는 영어문장 쉽게 만들기!

홀로 책상에 앉아 컴퓨터나 스마트폰에 MP3파일을 다운받아 네이티브의 영어문장을 수없이 듣고 따라만 해본들 영어실력이 얼마나 늘까... 물론 영어회화 공부를 하지도 않으면서 영어회화는 정말 어렵다고 말하는 사람보다는 영어에 아주 조금은 친해져 있을 것이다. 그렇게 친해진 표현들 몇개로 영어회화를 하겠다고 하는 건 하지만 역시 어불성설이다. 영어 학습의 궁극적 목표인 네이티브와의 의사소통은 MP3에서 나오는 것처럼 이미 정해져 있는 대화를 기계적으로 나누는 것이 아니기 때문이다. 다시 말해서 영어교재의 MP3를 듣고 따라하는 것을 '사격장에서 표적을 향해 쏘는 것'이라 한다면 네이티브와의 대화는 '예측 불가능한 적과의 교전'이라고 할 수 있다는 말이다. 평소 사격훈련이 도움이 되지만 실전에서 목숨을 보장하는 절대적인 조건이 아니듯, 더 중요한 것은 그때 그때의 상황에 따라 그에 맞는 영어문장을 만들 수 있는 응용력이 절대적이다.

우리말 이럴땐 영어로 요렇게

네이티브와 영어회화를 해본 사람들은 다 경험했을 것이다. 네이티브의 말을 들으며 자기가 어떻게 말을 해야 할지 머리 속에서 영작하고 있는 「자신」을 말이다. 그리 바람직하지 않은 방법이지만 여전히 네이티브와의 대화에서 심각한 불편함을 느끼는 사람들에게는 어쩔 수 없이 거쳐야 되는 과정이다. 그러기 위해서는 여러 상황에서 우리말을 영어로 어떻게 해야 하는지를 많이 익혀두는게 무엇보다 효과적이다. I'm not sure that~이 「…가 확실하지 않아」라고, I'll let you know~가 「…을 네게 알려줄게」라고 English-Korean 순서로 학습하기 보다는 「…가 확실하지 않아」라고 할 때는 영어로 어떻게 말하는지 그리고 「…을 네게 알려줄게」는 영어로 어떻게 시작하는지, 즉 역으로 Korean-English순서로 학습하는 것이 영어회화 실전무대에서 더 효과적일 수 있다는 이야기이다.

따라만 하면 영어말문이 콸콸 트인다!

이책 「영어말하기 우리말 이럴땐 영어로 요렇게」는 바로 이런 관점에서 새롭게 시도되는 영어학습법이다. 영어회화 초보탈출범(?)을 위해 난이도에 따라 Step 1, 2, 3로 나누어져 총 150 여개 상황에서 우리말을 영어로 어떻게 말하는지에 대한 탈출매뉴얼이 상세히 수록되어 있다. 또한 각각의 상황에는 3개씩의 영어식 표현법이 들어있어 다양하게 총 450 여개의 영어회화공식을 익힐 수 있고 또한 우리말을 영어로 옮겨보는 훈련을 할 수 있도록 구성되어 있다. 따라서 이 표현법들만 잘 익히고 머리속 하드디스크가 아니라 즉시 반응할 수 있는 '메모리'에 저장해주면 네이티브와의 실전대화에서 순발력있게 대처할 수 있게 될 것이다. 해도해도 안되는 영어회화, 지긋지긋해하는 영어학습자들에게 이책이 더 이상 '이런 경우 우리말을 영어로 어떻게 하는지' 몰라 멍때리지 않고 '자기가 하고 싶은 말을 원없이 영어로 말할 수 있는' 경지에 이르게 되는 촉매제가 될 수 있다는 것을 확신하면서 또한 그렇게 되기를 간절히 기원하는 바람을 감히 가져본다.

어떻게 이책으로 영어말문이 콸콸 트일까?

특징

1 영어회화하면서 안 쓰고는 못배기는 표현들만 집중해서 모았다.

2 영어표현만 무조건 외우던 학습법을 지양하고 역발상으로 '우리말로 이럴땐 영어로는 어떻게 해라'라는 관점에서 새롭게 구성하였다.

3 난이도별로 STEP 1 · 2 · 3으로 나누어 초급자들이 쉬운 표현부터 주옥같은 표현까지 학습하도록 꾸며졌다.

4 또한 각 우리말 표현마다 해당하는 영어표현을 3개의 공식으로 모아 정리하여 일석 3조의 효과를 노렸다.

5 이책에 실린 모든 예문과 다이알로그는 현지 네이티브들의 생동감 있는 음성으로 들을 수 있다.

우리말 표현
영어로 옮겨야 할 우리말 표현과 이 표현이 언제 어떤 상황에서 쓰이는지 보여준다.

공식 1 · 2 · 3
우리말 표현에 해당되는 패턴 3개를 엄선하여 영어문장을 연습할 수 있도록 꾸며졌다.

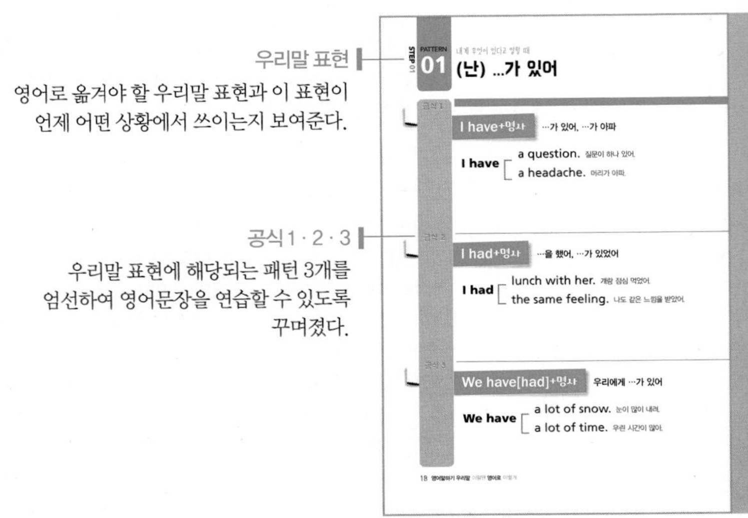

구성

STEP 1 기본패턴 말문트기

Step 1에서는 우리말로 이런 경우 영어로는 어떻게 말하는지 정말 궁금했다라는 영어학습자들의 입장에서 가장 기본적인 우리말 표현들을 영어로 말하고 쓰는 법을 집중적으로 연습해 본다.

STEP 2 핵심패턴 말문트기

허구헌날 첫걸음만 할 수는 없는 노릇. 어느 정도 기본이 쌓였으면 과감히 다음 단계로 행진~! Step 2에서는 Step 1보다는 좀 어려운, 즉 영어로 자신의 의사를 표현하고 상대방의 의사를 물어보는 등 어느 정도 대화를 하려면 꼭 필요한 우리말 표현들을 모았다. 이를 영어로 옮겨 보는 연습을 꾸준히 하다 보면 저절로 영어의 내공이 깊숙이 쌓일 것이다.

STEP 3 응용패턴 말문트기

마지막 단계는 다소 어려울 수도 있지만, 대화할 때 네이티브들이 즐겨 사용하는 표현들을 엄선하여 정리하였다. Step 1 · 2를 거치면서 쌓은 실력으로 Step 3까지 인내심을 가지고 연습에 매진하면 자신도 모르는 사이 영어로 말하는 실력이 일취월장했음을 깨닫게 될 것이다.

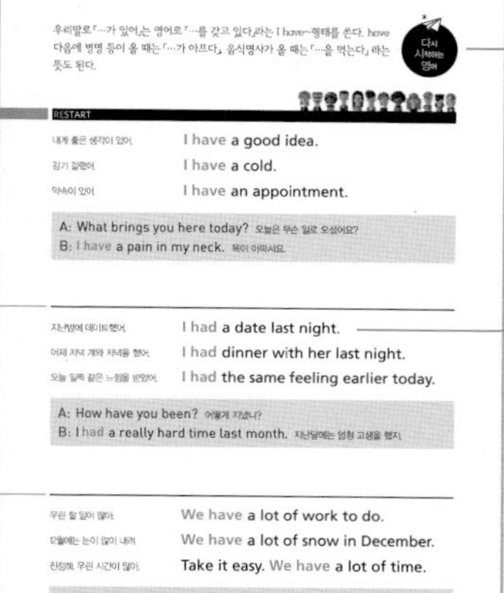

우리말로 「…가 있어」는 영어로 「…를 갖고 있다」라는 I have~형태를 쓴다. have 다음에 병명 등이 올 때는 「…가 아프다」, 음식명사가 올 때는 「…을 먹는다」라는 뜻도 된다.

RESTART

내게 좋은 생각이 있어.	I have a good idea.
감기 걸렸어.	I have a cold.
약속이 있어.	I have an appointment.

A: What brings you here today? 오늘은 무슨 일로 오셨어요?
B: I have a pain in my neck. 목이 아파서요.

지난밤에 데이트했어.	I had a date last night.
어제 저녁 걔와 저녁을 했어.	I had dinner with her last night.
오늘 일찍 같은 느낌을 받았어.	I had the same feeling earlier today.

A: How have you been? 어떻게 지냈니?
B: I had a really hard time last month. 지난달에는 엄청 고생을 했지.

우린 할 일이 많아.	We have a lot of work to do.
12월에는 눈이 많이 내려.	We have a lot of snow in December.
진정해. 우린 시간이 많아.	Take it easy. We have a lot of time.

A: What is our plan for tonight? 오늘밤 우리 계획이 뭐니?
B: We'll be busy. We have a lot of work to do. 바쁠 거야. 할 일이 많거든.

STEP 01 19

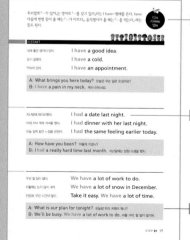

우리말 설명
우리말 표현에 해당되는 영어표현을 어떻게 만들어야 하는지 상세히 설명하였다.

영어말하기 연습
연습한 왼쪽 공식을 활용해 우리말을 먼저 읽고 영어로 유창하게(?) 말하기에 도전한다.

영어말하기 다이얼로그
생생 대화를 통해 영어공식들의 쓰임을 다시 확인해 본다.

CONTENTS

STEP 01 기본패턴 말문트기

STEP 01

STEP 02

핵심패턴 말문트기

STEP 02

STEP 02

STEP 03

응용패턴 말문트기

STEP 03

Step 1

기초패턴
말문트기

PATTERN 01

내게 무엇이 있다고 말할 때

(난) ...가 있어

공식 1

I have+명사

…가 있어, …가 아파

I have a question. 질문이 하나 있어.
I have a headache. 머리가 아파.

공식 2

I had+명사

…을 했어, …가 있었어

I had lunch with her. 걔랑 점심 먹었어.
I had the same feeling. 나도 같은 느낌을 받았어.

공식 3

We have[had]+명사

우리에게 …가 있어

We have a lot of snow. 눈이 많이 내려.
We have a lot of time. 우린 시간이 많아.

우리말로 「…가 있어」는 영어로 「…를 갖고 있다」라는 I have~형태를 쓴다. have 다음에 병명 등이 올 때는 「…가 아프다」, 음식명사가 올 때는 「…을 먹는다」 라는 뜻도 된다.

RESTART

내게 좋은 생각이 있어.	**I have** a good idea.
감기 걸렸어.	**I have** a cold.
약속이 있어.	**I have** an appointment.

A: What brings you here today? 오늘은 무슨 일로 오셨어요?
B: **I have** a pain in my neck. 목이 아파서요.

지난밤에 데이트했어.	**I had** a date last night.
어제 저녁 걔와 저녁을 했어.	**I had** dinner with her last night.
오늘 일찍 같은 느낌을 받았어.	**I had** the same feeling earlier today.

A: How have you been? 어떻게 지냈니?
B: I **had** a really hard time last month. 지난달에는 엄청 고생을 했지.

우린 할 일이 많아.	**We have** a lot of work to do.
12월에는 눈이 많이 내려.	**We have** a lot of snow in December.
진정해. 우린 시간이 많아.	Take it easy. **We have** a lot of time.

A: What is our plan for tonight? 오늘밤 우리 계획이 뭐니?
B: We'll be busy. **We have** a lot of work to do. 바쁠 거야. 할 일이 많거든.

STEP 01

PATTERN 02

내가 가지고 있지 않는 것을 말할 때

난 ...가 없어

공식 1

I don't have+명사 난 …가 없어

I don't have
- a plan. 난 계획이 없어.
- a choice. 난 선택의 여지가 없어.

공식 2

I don't have any+명사 …가 전혀 없어

I don't have any
- money. 난 돈이 하나도 없어.
- questions. 난 아무런 질문도 없어.

공식 3

I have no[nothing] ~ …할 게 없어

I have
- no choice. 난 선택할 게 없어.
- nothing to say. 난 할 말이 없어.

반대로 「…가 없어」라고 말을 할 때는 I don't have~를, 강조하려면 I don't have any~를 사용한다. 또한 I have nothing to+동사로 하면 「…할 게 없다」라는 뜻.

RESTART

이런 거 할 시간이 없어. **I don't have** time for this.

난 친구들이 없어. **I don't have** friends.

남은 시간이 별로 없어. **I don't have** much time left.

A: E-mail me to let me know how you're doing.
어떻게 지내는지 궁금하니까 이메일 보내.

B: I will. But **I don't have** your e-mail address.
그럴게. 그런데 이메일 주소를 모르는데.

난 자유시간이 전혀 없어. **I don't have any** free time.

난 진정한 친구가 전혀 없어. **I don't have any** true friends.

난 이번 주에 회의가 전혀 없어. **I don't have any** meeting this week.

A: What're you going to do next? 이젠 뭐할 거야?

B: **I don't have any** plans for now. 지금으로선 아무 계획이 없어.

난 이번 주말에 할 일이 없어. **I have** nothing to do this weekend.

거기 갈 시간이 없어. **I have** no time to go there.

버릴 시간이 없어. **I have** no time to waste.

A: **I have** no energy and feel sick. 힘이 하나도 없고 메슥거려.

B: This is why you need to exercise. 이래서 네가 운동을 해야 하는거야.

STEP 01

PATTERN 03

상대방에게 뭐를 갖고 있는지 물어볼 때

넌 ...가 있니?

공식 1

Do you have+명사 넌 …가 있니?

Do you have
- time? 너 시간이 있니?
- kids? 너 애들은 있니?

공식 2

Do you have any+명사? 혹시 너 …있니?

Do you have any
- plan? 어떤 계획이라도 있니?
- questions. 질문이 있나요?

공식 3

Do you have anything to+동사?

…할게 있니?

Do you have anything to
- say? 할 말이 있니?
- declare? 뭐 신고할 거 있나요?

상대방에게 「…가 있어?」라고 물어보는 구문으로 Do you have+명사? 형태를 쓰면 된다. 상대방이 갖고 있는지 여부가 불확실할 때는 Do you have any+명사? 혹은 Do you have anything to do~? 형태로 「혹 …가 있어?」라고 물어보면 된다.

RESTART

몇 시야? **Do you have the time?**

애완동물을 키우니? **Do you have pets?**

저녁 먹을 시간 있어? **Do you have time to have dinner?**

A: **Do you have** a minute? 시간 좀 있어?
B: Well yeah, sure, what's up? 어 그럼, 뭔데?

뭐 좀 아는 거 있어? **Do you have any idea?**

추천 좀 해주시겠어요? **Do you have any recommendations?**

프랑스 와인 있나요? **Do you have any French wine?**

A: **Do you have any** hobbies? 취미가 있나요?
B: I'm fond of reading novels. 소설 읽는 걸 좋아해요.

뭐 할 일이 있니? **Do you have anything to do?**

뭐 생각해둔 거라도 있니? **Do you have anything in mind?**

걔한테 뭐 할 말이 있니? **Do you have anything to say to her?**

A: **Do you have anything to** declare? 신고할 물건이 있습니까?
B: I am bringing some traditional Korean food with me.
한국 전통 음식을 좀 가지고 들어왔는데요.

PATTERN 04

내가 평소에 좋아하는 걸 말할 때

...하는 걸 좋아해

공식 1

I like+명사 …를 좋아해

I like [you. 난 네가 좋아.
your idea. 네 생각이 맘에 들어.

공식 2

I like to+동사 …하는 걸 좋아해

I like to [play golf. 난 골프 치는 걸 좋아해.
take a walk. 난 산책하기를 좋아해.

공식 3

I don't like+명사(to+동사)

…(하는 것)을 좋아하지 않아

I don't like [sports. 난 스포츠를 싫어해.
to think. 난 생각하는 걸 싫어해.

일반적으로 내가 좋아하는 것을 표현하고 싶을 때는 I like+명사[to~/~ing]를, 반대로 싫어하는 걸 말하려면 I don't like+명사[to~/~ing]의 형태를 쓴다. 비슷하지만 would가 들어간 I'd like that은 상대방의 제안에 대해 "그러면 좋지"라는 의미이다.

RESTART

네 넥타이가 마음에 들어. **I like** your necktie.

난 네가 너무 좋아. **I like** you so much.

네 신발이 맘에 들어. **I like** your shoes.

A: Which do you like better, coffee or tea? 커피와 차 중 어느 걸 더 좋아하니?
B: **I like** coffee better than tea. 차 보다는 커피를 좋아해.

난 축구경기를 관람하기 좋아해. **I like to** watch soccer games.

난 아침에 조깅하는 걸 좋아해. **I like to** jog in the morning.

난 혼자서 산책하길 좋아해. **I like to** take a walk alone.

A: Why don't you slow down a bit? 좀 천천히 가자.
B: **I like to** drive fast. 난 빨리 달리는 걸 좋아해.

그것에 대해 생각하기 싫어. **I don't like** to think about it.

난 내 상사가 마음에 안 들어. **I don't like** my boss.

난 세탁하는 걸 싫어해. **I don't like** doing the washing.

A: We may never see each other again. 우리 다시는 서로 볼 일 없을거야.
B: **I don't like** to think about that. 그건 생각하기도 싫어.

STEP 01

PATTERN 05

상대방의 기호를 물어볼 때

너 ...하는거 좋아하니?

공식 1

Do you like+명사?

…를 좋아하니?

Do you like pizza? 너 피자 좋아하니?

Do you like Korean food? 너 한국음식 좋아하니?

공식 2

Do you like to+동사?

…하는 것을 좋아하니?

Do you like to sing? 너 노래하는 것 좋아하니?

Do you like to hike? 너 하이킹하는 것 좋아하니?

공식 3

You like+명사?

…좋아해?

You like baseball? 야구 좋아해?

You like comic books? 만화책 좋아해?

상대방의 기호를 물어보는 경우. like를 이용하여 Do you like+명사[to+동사/~ing]?를 사용하는데 「…(하는 것)을 좋아해?」라는 의미이다.

RESTART

너 커피 좋아하니? **Do you like** coffee?

네 선생님이 좋으니? **Do you like** your teacher?

너 이태리 음식 좋아하니? **Do you like** Italian food?

A: **Do you like** pizza? 피자 좋아해?
B: Sort of. I eat it occasionally. 어느 정도. 종종 먹어.

저녁에 외식하는 걸 좋아하니? **Do you like to** go out for dinner?

골프치는 것 좋아해? **Do you like to** play golf?

여기서 일하는거 좋니? **Do you like** working here?

A: Would you like to go out to lunch with me? 나랑 점심 먹으러 나갈래?
B: Sure. **Do you like to** eat at Happy Noodles?
그래. 해피 누들즈에서 먹는거 좋아해?

여행하는 것 좋아해? **You like** travelling?

애완동물 좋아하니? **You like** pets?

영화 좋아하니? **You like** movies?

A: I wrestle in a gym every Saturday. 난 매주 토요일 체육관에서 레슬링을 해.
B: **You like** wrestling? I'm surprised! 네가 레슬링을 좋아한다고? 놀랍네!

STEP 01

PATTERN 06

내가 경험상 이미 알고 있는 걸 말할 때

...를 알고 있어

공식 1

I know+명사/주어+동사 난 …를 알고 있어

I know the answer. 난 해답을 알고 있어.

I know you two are close. 두 사람이 가까운거 알아.

공식 2

I know how to+동사 난 …하는 법을 알고 있어

I know how to play chess.
난 체스를 어떻게 하는지 알아.

I know how to handle it.
난 그걸 어떻게 처리하는지 알아.

공식 3

I know what 주어+동사 난 …를 하는지 알고 있어

I know what you mean. 무슨 말인지 알아.

I know how you feel. 난 네 심정 알아.

체험이나 경험을 통해서 혹은 얘기를 들어서 알고 있다고 말할 때는 know를 애용하면 된다. I know+명사[주어+동사] 혹은 의문사를 이용하여 I know what[why/how 주어+동사], 혹은 I know 의문사+to~ 형태로 말해도 된다.

RESTART

네가 거짓말하는거 알아. **I know** you are lying to me.

난 그 사실을 알고 있어. **I know** the fact.

네가 아프다는거 알아. **I know** you are sick.

A: I'm sorry I'm so late. 늦어서 미안.
B: That's okay, **I know** the traffic is bad. 괜찮아, 교통 혼잡 때문이란 걸 알아.

거기 가는 방법을 알고 있어. **I know** how to get there.

난 뭘 해야 할지 알고 있어. **I know** what to do.

난 언제 그만둘지 알고 있어. **I know** when to stop.

A: We're playing cards. Want to join us? 카드놀이 하려고 하는데, 같이 할래?
B: Sure. **I know** how to play poker. 좋지. 나 포커 할 줄 알아.

내가 알아서 할게. **I know** what I am doing.

그게 뭔지 알아. **I know** what it is.

난 네 심정 알아. **I know** how you feel.

A: I can't wait to get out of here. 여기서 나가고 싶어 죽겠어.
B: **I know** what you mean. 무슨 말인지 알아.

STEP 01

PATTERN 07

역시 이미 알고 있는 것을 말할 때

난 ...를 알고 있어

공식 1

I am aware of+명사 난 …를 알고 있어

I am aware of
- your problem.
  난 네 문제를 알고 있어.
- your situation.
  네 상황을 잘 알고 있어.

공식 2

I am aware of+의문사절 난 …에 대해 알고 있어

I am aware of
- what you said.
  네가 말한 것을 알고 있어.
- what is important.
  무엇이 중요한지 알고 있어.

공식 3

Are you aware of+명사(의문사절)?

넌 …를 알고 있니?

Are you aware of
- its history?
  넌 그것의 내력을 알고 있니?
- what happened?
  무슨 일이 생겼는지 알아?

「…을 알고 있다」, 「…을 깨닫고 있다」라는 의미로 이번에는 be aware of~를 알아보는데 be aware of 다음에는 명사, 또는 that 절(be aware of that S+V) 그리고 의문사 절(be aware of what[how]~)이 올 수가 있다.

RESTART

난 그 사실을 아주 잘 깨닫고 있어. **I am well aware of the fact.**

난 위험성에 대해서 충분히 알고 있었어. **I was fully aware of the dangers.**

네 문제를 우린 잘 알고 있어. **We're well aware of your problem.**

A: I'm aware of John's poor grades. 존의 성적이 안 좋다는거 알고 있어.
B: Should we help him to study harder? 공부 더 열심히 하도록 도와줘야 할까?

내가 무슨 신세를 지고 있는지 알아. **I am aware of what I owe.**

걔가 너에 대해 말한 것을 알고 있어. **I'm aware of what he said about you.**

숙제가 언제까지인지 잘 알고 있어. **I'm aware of when homework is due.**

A: Were you invited to join the science club? 과학클럽에 초청 받았니?
B: Sure. I'm aware of where they will meet. 그래. 만나는 장소를 알고 있어.

짐이 어떻게 지내는지 알고 있니? **Are you aware of what's going on with Jim?**

물가가 갈수록 오르는 걸 알고 있니? **Are you aware of the prices getting higher?**

젠이 금년에 졸업하는 걸 알고 있니? **Are you aware of Jen graduating this year?**

A: Are you aware of what time it is now? 지금이 몇 시인지 알고 있어?
B: Yes, I am. I'm sorry that I am late. 어. 알아. 늦어서 미안해.

STEP 01

PATTERN 08

내가 알지 못한다고 말할 때

...를 모르겠어

공식 1

I don't know 주어+동사

…을 몰라

I don't know

you met him.
네가 걔 만났었는지 모르겠어.

he is correct.
걔가 옳은지 모르겠어.

공식 2

I don't know what to+동사

…를 해야 할지 몰라

I don't know

what to say.
뭐라 해야 할지 모르겠네.

how to thank you.
어떻게 감사해야 할지 모르겠네.

공식 3

I don't know what 주어+동사

…인지 모르겠어

I don't know

how you feel.
네가 어떤 기분인지 모르겠어.

what I am going to do.
난 무엇을 해야 할지 모르겠어.

「…을 모른다」라고 말할 때는 I don't know 다음에 주어+동사의 절을 넣으면 된다. I don't know what[how] S+V는 「…인지 아닌지 모르겠어」라는 의미로 특히 I don't know if ~형태가 많이 쓰인다.

RESTART

오늘 비 올지 모르겠어. **I don't know** it will rain today.

난 진실을 모르겠어. **I don't know** the truth.

그게 그렇게 비쌀 줄 몰랐어. **I don't know** it was so expensive.

A: Tina was very sick after dinner. 티나는 저녁 식사 후에 무지 아팠어.
B: **I don't know** if she can come to the party.
걔가 파티에 올 수 있을지 모르겠어.

뭘 할지 모르겠어. **I don't know** what to do.

누굴 믿어야할지 모르겠어. **I don't know** whom to believe.

그걸 어떻게 말해야 할지 모르겠어. **I don't know** how to put it.

A: **I don't know** what to do. 뭘 어떻게 해야 할지 모르겠어.
B: You want my advice? 내가 조언해줄까?

무슨 말인지 모르겠어. **I don't know** what you mean.

뭘 해야 할지 모르겠어. **I don't know** what I am going to do.

그게 좋은 생각인지 모르겠어. **I don't know** if it's such a good idea.

A: **I don't know** what I'm going to do. 뭘 해야 할지 모르겠어.
B: Don't worry. You can try again! 걱정 마. 다시 한 번 해봐!

STEP 01

PATTERN 09

상대방에게 알고 있는지 물어볼 때

...를 아니?

공식 1

Do you know+명사?

…을 알아?

Do you know
- the girl? 너 그 여자애 아니?
- the answer? 너 답을 아니?

공식 2

Do you know any+명사?

아는 …가 있어?

Do you know any
- student? 아는 학생이 있니?
- good restaurants? 근사한 식당 아는 데 있어?

공식 3

Do you know anything about+명사/~ing?

…에 대해 좀 아는거 있어?

Do you know anything about
- cars? 차에 대해 아는거 있니?
- wine? 와인에 대해 아는거 있니?

상대방이 「…에 대해 알고 있는지 여부」를 물어보는 문장으로 Do you know+명사?로 표현한다. 응용해서 Do you know any+명사?하면 「아는 …가 좀 있어?」, 그리고 Do you know anything about+명사[~ing]?가 되면 「…에 대해 뭐 좀 아는 거 있어?」라는 뜻이 된다.

RESTART

쇼핑몰 가는 지름길을 아니? **Do you know** the short cut to the mall?

너 그 친구 아니? **Do you know** that guy?

너 걔 아버지를 아니? **Do you know** her father?

A: **Do you know** the manager well? 매니저 잘 알아?
B: Yes I do. We are on a first name basis. 그럼. 친한 사이야.

여기 아는 사람이 있니? **Do you know anybody** here?

뭐 아는 좋은 영화 있니? **Do you know any** good movies?

좋은 아웃렛 몰을 아니? **Do you know any** good outlet malls?

A: **Do you know anyone** who can fix computer? 컴퓨터 고치는 사람 아니?
B: Why? Is your notebook broken again? 왜? 네 노트북 또 고장이냐?

트위터에 대해 뭐 좀 알아? **Do you know anything about** the twitter?

요트 타기에 대해 뭐 아는거 있어? **Do you know anything about** yachting?

자동차 경주에 대해 아는거 있니? **Do you know anything about** car racing?

A: **Do you know anything about** the golf? 골프에 대해 뭐 좀 알아?
B: Yes, I do. I am a weekend golfer. 그럼, 난 주말마다 골프쳐.

PATTERN 10

상대방에게 조금 복잡하게 물어볼 때

...하는지 아니?

공식 1

Do you know what[where/how] to+동사?

…하는지 아니?

Do you know
- what to do?
  그걸 어떻게 하는지 아니?
- how to fix it?
  그걸 어떻게 고치는지 아니?

공식 2

Do you know what[where/how] 주어+동사?

…하는지 아니?

Do you know
- what I mean?
  내 말 알아들었니?
- who did that?
  누가 그랬는지 아니?

공식 3

Do you know how+형용사+주어+동사?

얼마나 …인지 아니?

Do you know
- how old she is?
  걔가 몇살인지 아니?
- how long it will take?
  얼마나 걸릴지 아니?

Do you know 다음에 절을 붙여 상대방에게 좀 더 자세하게 물어보는 표현형태. Do you know 다음에 what, how, where 등이 다양하게 오면서 각종 정보를 구하게 된다. 역시 간편형태인 Do you know 의문사+to~?구문도 함께 연습해둔다.

RESTART

거기 어떻게 가는지 아니? **Do you know** how to get there?

무엇을 할지 알고 있니? **Do you know** what to do?

그걸 사용할 줄 아니? **Do you know** how to use it?

A: **Do you know** how to snowboard? 스노보드 타는 법을 아니?
B: No, I don't. 아니, 몰라.

네가 뭘 하고 있는지 알아? **Do you know** what you're doing?

누가 그랬는지 아니? **Do you know** who did that?

내가 왜 웃고 있는지 아니? **Do you know** why I'm laughing?

A: **Do you know** what I mean? 무슨 말인지 알겠어?
B: Yeah! You're saying you need to take a day off.
어! 하루 쉬고 싶다는 거지.

내가 널 얼마나 사랑하는지 아니? **Do you know** how much I love you?

그게 얼마인지 아니? **Do you know** how much it is?

우리가 얼마나 시간 소비했는지 아니? **Do you know** how much time we spent?

A: **Do you know** how tall that building is? 저 빌딩이 얼마나 높은지 아니?
B: I think it's 63 stories high. 63층인 것 같은데.

STEP 01

PATTERN 11

어떤 소식을 들었다면서 말을 꺼낼 때

...라고 들었어(...라던데)

공식 1

I've heard about+명사 …에 대해 들었어

I've heard about
- you. 너에 대해 들었어.
- the story. 그 얘기 들었어.

공식 2

I've heard 주어+동사 …라던데

I've heard
- you are going to marry.
  너 결혼예정이라고 들었어.
- you passed the exam.
  너 시험에 통과되었다고 들었어.

공식 3

Did you hear 주어+동사? …소식 들었니?

Did you hear
- he got the prize?
  걔가 상 탔다는 소식 들었니?
- she got the job?
  걔가 취업한거 들었니?

다른 사람에게서나 혹은 방송이나 SNS 등의 출처를 통해서 들은 이야기를 할 때 말하는 표현. 「…라고 들었어」라는 의미로 주로 화제를 꺼낼 때 사용하는데 I heard 혹은 I've heard~ 로 시작하면 된다.

RESTART

너에 대해 많이 들었어. **I've heard** so much **about** you.

그 사건에 대해 들었어. **I've heard about** the accident.

네 이혼에 대해 들었어. **I've heard about** your divorce.

A: **I've heard about** the Great Wall of China. 만리장성에 대해 들었어.
B: Would you like to go and visit it? 방문하고 싶으니?

몇 주 전에 해고됐다며. **I've heard** you got fired a few weeks ago.

입학시험에 떨어졌다며. **I've heard** you failed the entrance exam.

존이 다쳤다며. **I've heard** John was injured.

A: **I** just **heard** that Jim lost his job. 짐이 직장을 잃었다는 소식을 막 들었어.
B: That's too bad. 안됐다.

그 소식 들었어? **Did you hear** the news?

빅 뉴스를 들었니? **Did you hear** the big news?

릭이 승진했다는 소식 들었니? **Did you hear** that Rick got the promotion?

A: **Did you hear** they are getting divorced? 걔들이 이혼예정이라는 걸 들었니?
B: No. That's news to me. 아니. 금시초문이야.

STEP 01

PATTERN 12

내가 앞으로 할 일을 말할 때

내가 ...할게

공식 1

I will+동사 내가 …할게

I will think about it. 내가 생각해볼게.
I will take this one. 이걸로 할게.

공식 2

I will be+~ing 난 …할거야

I will be watching. 내가 지켜보고 있을게.
I will be staying with you. 난 너랑 같이 있을게.

공식 3

I won't+동사 난 …하지 않을거야

I won't tell anybody. 누구한테도 말하지 않을게.
I won't say a word. 말 한마디 안할게.

동작의 내용이 미래에 일어난다는 의미를 부여할 때 will을 사용하면 되는데 「I will+동사」가 되면 「내가 …을 할 것이다」, 「…을 하겠다」라는 뜻이 된다. I'll 다음에 다양한 동사를 사용하면 만사 오케~.

RESTART

내가 최선을 다할게. **I will do my best.**

내가 태워줄게. **I will give you a ride.**

널 거기에 데려갈게. **I will take you there.**

A: I will pick you up at eight. 8시에 데리러 갈게.
B: Don't be late. 늦지마.

내가 기다려줄게. **I will be waiting for you.**

내 사촌 집에 머물거야. **I will be staying with my cousin.**

차 안에서 기다리고 있을게. **I will be waiting inside the car.**

A: I need to do my hair before we go. 가기 전에 머리를 해야 되는데.
B: I will be waiting for you in the living room. 거실에서 기다려줄게.

다시는 그런 일이 없도록 할게. **I won't let it happen again.**

쉽지 않을 거야. **It won't be easy.**

정말이지 한 마디도 하지 않을게. **I promise I won't say a word.**

A: I am not sure if I want to buy this. 내가 이걸 사야 할지 모르겠어요.
B: Don't worry. I won't cheat you. 걱정 마세요. 손님한테 사기 안쳐요.

STEP 01

PATTERN 13

상대방이 앞으로 어떻게 될거라고 예상할 때

넌 ...하게 될거야

공식 1

You will+동사 넌 …하게 될거야

You will make money. 넌 돈을 벌게 될거야.

You will get a job. 넌 직업을 얻게 될거야.

공식 2

You won't+동사 넌 …하지 않을거야

You won't believe. 넌 믿지 않을거야.

You won't surprise. 넌 놀라지 않을거야.

공식 3

You will never+동사 넌 절대로 …하지 않을거야

You will never find her. 넌 절대로 걔를 찾지 못할거야.

You will never come again. 넌 절대로 다시 오지 않을거야.

「넌 …하게 될 거야」라고 상대방의 미래를 예측하는 표현으로 You will be~ 혹은 You will+동사~ 형태로 사용하면 된다. 부정으로 「…하지 않게 될거야」라고 하려면 You will never~ 혹은 You won't~ 이라고 하면 된다.

RESTART

넌 그걸 알게 될거야. **You will** get to know that.

곧 익숙해 질거야. **You will** get used to it.

돈을 많이 벌거야. **You will** make a lot of money.

A: I hope **you will** do your best in your interview. 최선을 다해 면접 잘 봐.
B: Thanks. I will. 고마워. 그럴게.

이걸 후회하지 않게 될거야. **You won't** regret this.

넌 A 학점을 받지 못할거야. **You won't** get an A grade.

실망시키지 않을 거예요. **You won't** be disappointed.

A: **You won't** be coming over for dinner? 저녁 먹으러 못 온다고?
B: That's right. I've got soccer practice. 그래, 축구 연습이 있어서.

날 다시는 못 보게 될거야. **You will never** see me again.

넌 날 결코 못 잊을거야. **You will never** forget me.

넌 걔가 우는 모습을 결코 보지 못할 거야. **You will never** see her cry.

A: I'm going. **You will never** see me again. 갈게. 다시는 날 못 볼거야.
B: Why are you so upset with me? 왜 나한테 화를 내는거야?

STEP 01

PATTERN 14

앞으로 무엇을 하겠다고 말할 때

...하러 갈 거야

공식 1

I'm going to+동사 …할거야

I am going to
- leave for Japan. 일본으로 갈거야.
- study English. 영어공부 할거야.

공식 2

I'm not going to+동사 …하지 않을거야

I'm not going to
- get mad. 화내지 않을거야.
- tell any secrets. 아무런 비밀도 말하지 않을게.

공식 3

Are you going to+동사~? …을 할거야?

Are you going to
- buy me a new suit? 새 옷 사줄거야?
- come to the party? 파티에 올거야?

미래를 표시하는 표현으로 will 만큼 회화에서 많이 쓰이는 'be going to+동사'는 가까운 미래에 「…할거야」라는 의미이다. be going to보다 아주 가까운 미래에 일어날 일을 말할 때는 'be about to+동사'를 사용하면 된다.

RESTART

정말 보고 싶을거예요. **I'm going to** miss you so much.

미안, 좀 늦을 것 같아. I'm sorry, but **I'm going to** be a little late.

좀 쉴거야. **I'm going to** take some time off.

A: Alan, where are you? 앨런, 어디야?
B: I am sorry, but **I'm going to** be a little late. 미안, 좀 늦을 것 같아.

시험공부 안 할거야. **I'm not going to** study for the exam.

걔를 위해서 일하지 않을거야. **I'm not going to** work for him.

네게 다시 경고하지 않을거야. **I'm not going to** warn you again.

A: Everyone wants you to sing a song. 모두 네가 노래하길 원하고 있어.
B: **I'm not going to** sing tonight. 오늘밤 노래하지 않을래.

회의에 참석할거야? **Are you going to** attend the meeting?

주말에 여기 있을 건가요? **Are you going to** be here on the weekend?

지금 바로 샤워할거야? **Are you going to** take a shower right now?

A: **Are you going to** be long? 오래 걸리나요?
B: No, I'll be back in ten minutes. 아뇨, 10분 후에 돌아올거예요.

STEP 01 PATTERN 15

내가 해야 할 의무를 말할 때

난 ...를 해야 해

공식 1

I have to+동사 난 …를 해야 해

I have to
- talk to you. 얘기 좀 하자고.
- finish it. 난 그걸 끝내야 해.

공식 2

I'll have to+동사 난 …를 해야 할거야

I'll have to
- leave. 나 떠나야 할거야.
- take the bus. 그 버스를 타야 할거야.

공식 3

I had to+동사 난 …를 해야 했어

I had to
- quit school. 난 학교를 그만두어야 했어.
- change my plan. 내 계획을 바꿔야만 했어.

「…해야 한다」라는 의미의 조동사 must, should와 같은 계열로 주어가 3인칭 단수일 때는 has to, 시제가 과거일 때는 had to를 그리고 미래일 때는 will have to라 쓴다.

RESTART

말할 게 하나 있어. **I have to** tell you something.

이제 자야 되겠어. **I have to** go to bed, now.

내일까지 이걸 마쳐야 돼. **I have to** finish it by tomorrow.

A: **I have to** go talk to my dad. 아빠한테 가서 이야기 좀 해야 되겠어.
B: What are you going to say? 무슨 이야기 할 건데?

이젠 떠나야겠어요. **I'll have to** say goodbye.

다른 사람한테 부탁해야겠어. **I'll have to** ask someone else.

우린 셔틀버스를 타야 할거야 **We'll have to** take a shuttle bus.

A: I'd be pleased if you could join us for dinner.
저녁식사를 함께 했으면 좋겠네요.
B: **I'll have to** call my wife first. 아내에게 먼저 전화를 해보고요.

걔랑 헤어져야만 했어. **I had to** break with her.

여름계획을 바꿔야만 했어. **I had to** change my plans for the summer.

할머니 집에 가야만 했어. **We had to** go to my grandmother's house.

A: I heard you had some trouble with your girlfriend. 여친과 문제있다며.
B: **I had to** break up with her. We were fighting a lot.
걔랑 헤어져야 했어. 무지 싸웠지.

STEP 01

PATTERN **16**

상대방에게 충고내지 명령할 때

넌 ...를 해야 돼

공식 1

You have to+동사 넌 …를 해야 돼

You have to try harder. 더 열심히 해야 돼.

You have to study hard. 열심히 공부해야 돼.

공식 2

You'll have to+동사 너 …해야 될거야

You will have to pay me $50,000. 5만 달러 내셔야 됩니다.

You will have to study for the exam. 넌 시험 준비해야 될거야.

공식 3

You don't have to+동사 넌 …하지 않아도 돼

You don't have to do that. 그럴 필요 없어.

You don't have to come here. 여기 올 필요 없어.

강제성이 있는 have to 와 You가 만나면 상대방에게 「…하라고 강하게 충고 내지는 명령하는」 표현이 된다. You have to~의 부정형 You don't have to+동사는 「…할 필요가 없어」, 「…하지 않아도 돼」라는 의미.

RESTART

조심해야 돼.	**You have to** be careful.
적응해야지.	**You have to** get used to it.
한번 봐야 돼.	**You have to** take a look at it.

A: The buffet smells good. Is this food free?
뷔페 음식 냄새 좋네요. 이 음식 공짜예요?
B: No, **you have to** pay for it. 아뇨, 돈을 내셔야 해요.

잠시 기다려야 될거야.	**You'll have to** wait a while.
차례를 기다려야 돼요.	**You'll have to** wait your turn.
잘 안 들려요. 큰 소리로 말하세요.	I can't hear you. **You'll have to** speak up.

A: How can I be a lawyer in the US? 어떻게 하면 미국에서 변호사가 될 수 있어?
B: **You'll have to** pass the bar exam. 변호사 시험에 합격해야 돼.

미안해 할 필요 없어.	**You don't have to** be sorry.
소리칠 필요는 없잖아!	**You don't have to** yell!
오늘 밤엔 운전할 필요 없어.	**You don't have to** drive tonight.

A: **You don't have to** say you're sorry. 미안하단 말은 할 필요 없어요.
B: Sure I do. It was all my fault. 어떻게 그래요. 이게 다 제 잘못인데요.

STEP 01

PATTERN 17

상대방의 사정을 확인해볼 때

네가 ... 해야 하니?

공식 1

Do I have to+동사? 내가 …를 해야 하니?

Do I have to
- choose? 내가 선택해야 돼?
- decide? 내가 결정해야 돼?

공식 2

Do you have to+동사? 네가 …를 해야 하니?

Do you have to
- stay? 남아야 돼?
- work? 일해야 돼?

공식 3

Do we have to+동사? 우리가 …를 해야 돼?

Do we have to
- do this now? 우리가 지금 이거 해야 돼?
- leave now? 우리가 지금 떠나야 해?

상대방이 어떤 일을 꼭 해야 하는 상황인 지를 확인해볼 때는 Do you have to+동사~?로 하는데 우리말로는 「너 …을 해야 하니?」, 「…을 꼭 해야 돼?」라는 의미.

RESTART

지금 선택해야 돼? **Do I have to** choose right now?

여기서 기다려야 돼? **Do I have to** wait here?

지금 결정해야 돼? **Do I have to** decide right now?

A: **Do I have to** complete this report? 이 보고서 끝내야 돼요?
B: You should finish what you start. 시작한 건 끝내야지.

오늘 밤 일해야 돼? **Do you have** to work tonight?

이제 가야 돼? **Do you have** to go now?

그렇게 해야 돼? **Do you have** to do that?

A: **Do you have to** go back to work? 일하러 돌아가야 돼?
B: It's okay. The boss won't be here until 6 o'clock.
괜찮아. 사장은 6시나 되어야 돌아올거야.

지금 이 얘기를 해야 돼? **Do we have to** talk about this right now?

우리가 이렇게 싸워야겠니? **Do we have to** fight like this?

우리가 지금 이거 해야 돼? **Do we have to** do it right now?

A: **Do we have to** stay here any longer? 우리가 여기에 더 있어야 합니까?
B: No. You are free to go now. 아뇨. 이제 가도 됩니다.

STEP 01 PATTERN 18

나의 능력 및 가능여부를 말할 때

난 ...할 수 있어

공식 1

I can+동사 난 …할 수 있어

I can
- see that. 알겠어.
- handle it. 내가 처리할 수 있어.

공식 2

I can't+동사 난 …할 수 없어

I can't
- blame you. 널 비난할 수 없어.
- follow you. 말을 알아듣지 못하겠어.

공식 3

You will be able to+동사 넌 …할 수 있을거야

You will be able to
- do better.
  넌 더 잘 할 수 있을거야.
- help them.
  넌 걔들을 도와줄 수 있을거야.

「내가 …할 수 있거나 없을 때」는 I can[can't]+동사구문을 활용한다. 주의할 점은 can과 can't 의 발음 구분이 어려운데 can은 [큰]으로 약하게 그리고 can't는 [캔ㅌ]로 강하게 발음된다.

RESTART

제가 도와드릴 수 있는데요. **I can** give you a hand.

혼자 할 수 있어. **I can** handle it by myself.

내 휴대폰에 그걸 다운로드할 수 있어. **I can** download them on my cellular phone.

A: The key's stuck in the lock. 키가 구멍에 박혔어.
B: **I can** fix it. Hold on. 내가 고칠 수 있어. 기다려.

네 말이 잘 안 들려. **I can't** hear you very well.

더 이상 못 견디겠어. **I can't** take it anymore.

더 이상은 이렇게 못해. **I can't** do this anymore.

A: I'm sorry. **I can't** talk long. 미안하지만 길게 얘긴 못해.
B: I'll give you a call later when you have time.
그럼 나중에 시간될 때 다시 걸게.

올 수 있으면 좋겠는데. We hope **you'll be able to** join us.

걘 그녀를 도와줄 수 없을거야. **He won't be able to** help her.

걘 다음번에 더 잘 할 수 있을거야. **She will be able to** do better next time.

A: If we hurry, **we'll be able to** meet them for drinks.
서두르면 그 친구들을 만나 술을 마실 수 있을거야.
B: Sounds good to me. 그거 좋은데.

STEP 01 PATTERN 19

상대방에게 허가하거나 허락할 때

넌 ...할 수 있어(해도 돼)

공식 1

You can+동사 넌 …해도 돼

You can go first. 네가 먼저 가.

You can trust me. 날 믿어도 돼.

공식 2

You can't+동사 넌 …하면 안 돼

You can't do that. 그러면 안 되지.

You can't give up. 포기하면 안 되지.

공식 3

Can I+동사? …해도 괜찮아?

Can I get you something? 뭐 필요한거 있니?

Can I ask you a question? 질문 하나 해도 돼?

주어를 바꿔 You can+동사~ 형태를 쓰면 상대방에게 뭔가 허가하거나 허락할 때 쓰는 것으로 「…해도 된다」 혹은 「…해라」라는 의미. 반대로 You can't+동사~ 하게 되면 '금지'의 뜻으로 「…하지 마라」, 「…하면 안 된다」라는 뜻이다.

RESTART

언제라도 전화해.	**You can** call me anytime.
너 뭐든 할 수 있어.	**You can** do anything.
이곳으로 가져오면 돼.	**You can** bring it back here.

A: What's your first name? 이름이 뭐예요?
B: It's Rebecca, but **you can** call me Becky. 레베카인데 부를 땐 벡키라고 하세요.

내게 이러면 안 되지, 이러지 마.	**You can't** do this to me.
농담이겠지	**You can't** be serious.
왼쪽에 있어. 바로 찾을거야.	It's on the left. **You can't** miss it.

A: Sorry, I'm seeing a guy. 미안해. 다른 애 만나고 있어.
B: What! **You can't** do this to me! 뭐라고! 내게 이러면 안 되지!

부탁하나 해도 될까요?	**Can I** ask you a favor?
이거 입어 봐도 되나요?	**Can I** try this on?
핸드폰 좀 빌려줄래?	**Can I** borrow your cellular phone?

A: Jimmy, **can I** talk to you for a sec? 지미, 잠깐 이야기해도 될까?
B: Yeah, what is it? 그래, 뭔데?

STEP 01 PATTERN 20

상대방에게 부탁할 때

...좀 해줄래?

공식 1

Will you+동사? …좀 해줄래?

Will you come in here? 좀 들어올래요?
Will you have more coffee? 커피 좀 더 할래요?

공식 2

Would you+동사? …좀 해줄래요?

Would you stop? 좀 그만할래요?
Would you calm down? 좀 진정할래?

공식 3

Will that+be~ ? …인가요?

Will that be all? 더 필요한 것은 없나요?
Will that be everything? 이게 전부인가요?

상대방에게 무엇을 제안하거나, 「…을 해달라」고 요청하는 표현. Will you~?로 쓰면 되고 더 예를 갖추려면 Would you~?를 그리고 부탁하는 마음을 더 표현하려면 Would you~다음에 please를 넣어 Would you please+동사~?라고 하면 된다.

RESTART

참석할 수 있어? **Will you** be able to attend?

나하고 결혼해주겠니? **Will you** marry me?

잠깐 이것 좀 들고 있어줘. **Will you** hold this for a sec?

A: **Will you** dance with me? 저랑 춤추실래요?
B: Well, maybe later. 글쎄, 좀 나중에.

좀 천천히 말씀해주시겠어요? **Would you** speak more slowly, please?

나랑 데이트할래요? **Would you** go out with me?

돈 좀 빌려줄래요? **Would you** lend me some money?

A: **Would you** care for dessert? 디저트를 드시겠어요?
B: No, but I'd love some coffee. 아뇨, 그냥 커피만 좀 주세요.

현금으로 내시겠어요, 아님 신용카드로 하시겠어요? **Will that** be cash or charge?

이민 가는 것이 좋은 생각일까? **Will it** be a good idea to immigrate?

제가 담배를 펴도 괜찮을까요? **Would it** be okay if I smoke a cigarette?

A: **Would it** be possible to get another drink? 한잔 더 해도 될까요?
B: Sure. What would you like to have? 그럼. 뭐 하고 싶어요?

STEP 01

PATTERN 21

무엇이 있다 없다라고 말할 때

여기에(저기에) ...가 있어

공식 1

There is[are]+명사 …가 있어

There is a long history. 긴 역사가 있어.

There are some problems. 문제가 좀 있어.

공식 2

There's no[not]~ …가 없어

There's no doubt. 의심할 게 없어.

There's no excuse. 변명의 여지가 없어.

공식 3

Here is[are]+명사 여기 …가 있어

Here's your bill. 여기 계산서입니다.

Here's good news. 좋은 소식이 있어.

상대방에게 뭔가를 건네줄 때는 Here is[are]~로 시작해서 다음에 건네주는 물건을 써주면 된다. 또한 There is[are]~ 역시 생기본 표현. 「…가 있다」라는 뜻으로 다음에 오는 명사의 단수 복수에 따라 is 혹은 are를 선택하면 된다.

RESTART

전화 왔어. **There's** a phone call for you.

여기 할 일이 너무 많아. **There is** a lot of work to do here.

컴퓨터에 문제가 있어? **Is there** a problem with the computer?

A: You work too hard, Mary. 메리, 당신 일이 너무 많군요.
B: Yes, but **there is** always something to do.
맞아요, 하지만 할 일이 끊이지 않아요.

그건 의심할 바가 없어. **There's no** doubt about it.

저 만한 게 없지. **There is nothing** like that.

그건 변명의 여지가 없어. **There's no** excuse for it.

A: I'm sorry that we argued. 다투어서 미안해.
B: **There are no** hard feelings on my part. 기분 나쁘게 생각하지마.

네게 좋은 소식 있어. **Here's** good news for you.

여기 여권 있습니다. **Here is** your passport.

여기 내 명함이에요. **Here is** my business card.

A: **Here is** your birthday gift. 여기 생일선물.
B: You are the best. I love you so much! 네가 최고야. 널 정말 사랑해!

PATTERN 22

상대방의 모습을 말할 때

넌 ...하게 보여

공식 1

You look+형용사 넌 …하게 보여

You look pale. 너 창백해 보여.
You look tired. 너 피곤해 보여.

공식 2

You don't look+형용사 넌 …해 보이지 않아

You don't look good. 너 안 좋아 보여.
You don't look happy. 너 행복하게 안 보여.

공식 3

You look like+명사(주어+동사) 넌 …인 것 같아

You look like an idiot. 너 바보 같이 보여.
You look like you are hungry. 너 배고픈 것 같아.

상대방의 상태나 모습을 언급하는 표현으로 이때는 look을 이용하면 된다. You look~ 다음에 형용사[과거분사] 등을 붙여 쓰면 되는데 You look great[good]!라고 하면 상대방을 만났을 때 "야, 너 멋져 보인다"라고 말할 때 쓰는 문장.

RESTART

너 행복해 보여. **You look happy.**

너 요즘 행복해 보여. **You look happy these days.**

너 아주 핸섬해 보여. **You look very handsome.**

A: Look at you, you look great. 얘봐라, 너 정말 멋져 보여.
B: Really? Thank you, so do you. 그래? 고마워, 너도 그래

요즘 너 안 좋아 보여. **You don't look good these days.**

무슨 일이야? 행복해 보이지 않아. **What's up? You don't look happy.**

너 오늘 건강해보이지 않아. **You don't look healthy today.**

A: You don't look good these days. 요즘 너 안 좋아 보여.
B: Yeah, I've been sick a lot. 응, 많이 아팠어.

너 오늘 일진이 안 좋았던 것 같아. **You look like you had a bad day today.**

너 영화배우 같아 보여. **You look like a movie star.**

너 최근에 살이 빠진 것 같아. **You look like you've lost weight lately.**

A: Those glasses make you look like a pig. 그 안경 쓰니까 너 꼭 돼지 같아.
B: Don't make fun of me. 놀리지마.

STEP 01

PATTERN

23

상대방의 상태를 언급할 때

넌 …같아

공식 1

You seem+형용사 넌 …같아

You seem tired. 너 피곤해 보여.
You seem nervous. 너 초조해 보여.

공식 2

You seem to+동사 네가 …하는 것 같아

You seem to hate me. 네가 날 미워하는 것 같아.
You seem to like me. 네가 날 좋아하는 것 같아.

공식 3

He seems like+명사(주어+동사)

개가 …할 것 같아

He seems like a nice gentleman. 걔는 훌륭한 신사 같아.
He seems like he will quit school. 걘 학교를 그만둘 것 같아.

seem 다음에 형용사, 혹은 seem like+명사[주어+동사] 형태로 쓰면 된다. 단 look like와 다르게 He seems to hate you(걔는 널 싫어하는 것 같아)에서처럼 뒤에 to+동사가 와서 좀 더 내면적으로 「…하는 것 같아」라는 의미로 쓰이기도 한다.

RESTART

너 정말 피곤해 보이는데. **You seem** really tired.

안 좋아 보여. **You don't seem** okay.

너 좀 초조해보여. **You seem** a little nervous.

A: How was your date? 데이트 어땠어?
B: **She seemed** really fun. 정말 재미있는 애 같았어.

팸과 폴은 항상 싸우는 것 같아. **Pam and Paul seem to** always be fighting.

걘 털털한 성격인 것 같아. **He seems to** be an easy-going person.

최근에 일이 아주 느려진 것 같아. **You seem to** be working really slowly recently.

A: What is Brian's favorite food? 브라이언이 좋아하는 음식이 뭐니?
B: **He seems to** like hotdog the best. 핫도그를 가장 좋아하는 것 같아

걘 마치 낯선 사람 같아. **He seems like** a stranger.

걔 기분이 좋은 것 같아. **He seems like** his mood is good.

네 와이프 좋은 여자 같더라. **Your wife seems like** a nice woman.

A: Why is he acting like that these days? 걘 요즘 왜 그렇게 행동해?
B: I don't know. **He seems like** a stranger. 몰라. 마치 낯선 사람 같아.

STEP 01

PATTERN 24

부드럽게 포장해서 말하는 법

...인 것 같아

공식 1

It looks like 주어+동사 …한 것 같아

It looks like
- she lied to me. 걔가 내게 거짓말한 것 같아.
- summer is here. 여름이 온 것 같아.

공식 2

It seems (to me) that 주어+동사 …하는 것 같아

It seems that
- it will rain today. 오늘 비가 올 것 같아.
- you don't have to worry. 네가 걱정 안 해도 될 것 같아.

공식 3

It seems like+명사(주어+동사) …인 것 같아

It seems like
- a good idea. 좋은 생각인 것 같아.
- you are always busy. 넌 항상 바쁜 것 같아.

look이나 seem의 경우 대명사 It을 주어로 써서 사용하는 경우가 훨씬 많다. look의 경우에는 (It) Looks like의 형태로 그리고 seem의 경우는 It seems (to me) that S+V 혹은 like를 넣어서 혹은 It seems like (that) S+V 형태로 주로 쓰인다.

RESTART

비가 올 것 같아.	**It looks like** it's going to rain.
드디어 봄이 온 것 같아.	**It looks like** spring is finally here.
차가 밀리는 것 같아.	**It looks like** we're stuck with traffic.

A: **It looks like** you don't like your food at all.
음식이 네 입맛에 전혀 맞지 않나 보구나.
B: No, it's just that I'm not hungry right now.
아뇨, 그냥 지금은 별로 배가 안 고파서요.

지갑을 잃어버린 것 같아.	**It seems that** I have lost my wallet.
미란다가 떠난 것 같아.	**It seems** Miranda has left.
이제 그만 만나야 될 것 같아.	**It seems that** it's time to break up with.

A: **It seems that** you are really tired from this homework.
이 숙제 때문에 너 정말 피곤해 보여.
B: Yes. It'll take a while to finish that. 맞아. 끝내려면 시간이 한참 걸릴거야.

다들 네 얘기하는 것 같아.	**It seems like** everyone is talking about you.
뭔가가 빠진 것 같아.	**It seems like** something's missing.
너희들 신나게 보내는 것 같아.	**It seems like** you guys are having a great time.

A: Are you ready to start our trip? 여행을 시작할 준비가 되었니?
B: Yes, **it seems like** we can leave now. 응, 지금 떠날 수 있을 것 같아.

STEP 01

PATTERN 25

소리를 듣고 판단할 때

그건 ...처럼 들리네

공식 1

It[That] sounds+형용사 그건 …같아

It sounds good. 좋게 들려.

It sounds familiar. 익숙하네.

공식 2

It[That] sounds like+명사 그건 …같이 들리네

It sounds like a child. 애처럼 들리네.

It sounds like a good plan. 좋은 계획 같으네.

공식 3

You sound+형용사 넌 …한 것 같아

You sound happy. 너 행복하게 들려.

You sound angry. 너 목소리가 화나 보여.

sound의 경우도 마찬가지로 (It) Sounds+형용사 혹은 (It) Sounds like +명사 형태로 「…인 것 같아」라는 의미로 회화에서 많이 쓰인다. It 대신 That을 쓰기도 하는데 이 역시 생략되기도 하여 Sound(s) like~라 쓰이기도 한다.

RESTART

난 좋아. **It sounds** good to me.

그거 좋지. **That sounds** great.

재미있겠는데. **Sounds** interesting.

A: How about a drink after work? 퇴근 후 술 한 잔 어때?
B: **That sounds** perfect. 좋고 말고

좋은 생각 같아. **It sounds like** a good idea.

좋아. **Sounds like** a plan.

바보 같은 소리 하네. **Sounds like** an idiot.

A: Let's split the bill. 각자 내자
B: **That sounds like** a good idea. 좋은 생각이야.

걘 치사한 것 같아. **She sounds** mean.

너 오늘 아픈 것 같아. 괜찮니? **You sound** sick today. Are you OK?

너 남친에게 화났구나. **You sound** angry with your boyfriend.

A: Hey Joe, **you sound** tired. 조, 너 피곤해 보여.
B: I know. I've been awake all night. 알아. 밤을 샜거든.

STEP 01

PATTERN 26

자신이 하겠다고 나설 때

내가 ...해볼게

공식 1

Let me+동사 내가 …해볼게

Let me
- do it. 내가 할게.
- take a look at it. 그거 한번 볼게.

공식 2

Don't let me+동사 내가 …하지 못하도록 해

Don't let me
- drink too much.
  내가 과음하게 하지마.
- stay too late.
  내가 너무 오래 있게 하지마.

공식 3

Don't let A+동사 A가 …하지 못하도록 해

Don't let
- her go. 걔 못가게 해.
- it happen again.
  다시는 그런 일이 없도록 해.

내가 「…을 하도록 허락해달라」라는 뜻의 문장으로 Let me+동사의 형태로 사용한다. 어떤 행동을 하기에 앞서 상대방에게 자신의 행동을 미리 알려주는 표현법이라고 할 수 있다. 「내가 …할게」정도의 의미.

RESTART

생각 좀 해볼게. **Let me** think about it.

내가 처리할게 **Let me** take care of it.

널 위해 내가 이거 해줄게 **Let me** do this for you.

A: **Let me** help you with your grocery bags. 식료품 가방 들어줄게요.
B: Thank you, that's very kind of you. 고마워요. 정말 친절하시군요.

너무 늦게까지 있게 하지마. **Don't let me** stay too late.

저 때문에 있을 필요는 없어요. **Don't let me** keep you.

걔 생일을 잊지 않게 해줘. **Don't let me** forget her birthday.

A: You have to work hard. **Don't let me** down.
열심히 일 해야 돼. 날 실망시키지마.
B: I'll do my best, boss. Believe me. 사장님, 최선을 다할게요. 믿어 주세요.

다시 그런 일 없도록 해, 알았지? Just **don't let** it happen again, all right?

걔 신경 건드리지마. **Don't let** him upset you.

그거 때문에 신경 쓰지마. **Don't let** it bother you.

A: My sister was saying that I'm ugly. 누나가 내가 못생겼다고 그래.
B: She's just teasing. **Don't let** it bother you.
그냥 놀리는 거야. 너무 신경 쓰지마.

STEP 01 PATTERN 27

함께 하자고 권유할 때

(우리) ...하자

공식 1

Let's+동사

(우리) …하자

Let's keep in touch. 연락하고 지내자.
Let's take a break. 좀 쉬자.

공식 2

Let's+동사, shall we?

…하자, 그럴래?

Let's go out tonight, shall we?
오늘 밤 나가 놀자, 그럴래?

Let's get some drinks, shall we?
술 좀 마시자, 그럴래?

공식 3

Let's not+동사

(우리) …하지 말자

Let's not argue about it. 그걸로 다투지 말자.
Let's not forget it. 그걸 잊지 말자.

상대방에게 뭔가 함께 행동을 하자고 할 때 Let's+동사 형태를 사용한다. 우리말로는 「(우리) …하자」 정도의 의미로 결국 Why don't you~?와 같은 뜻. 부정으로 Let's not~하면 「…하지 말자」라는 뜻이 된다.

RESTART

오늘 그만 퇴근하자.	**Let's** call it a day.
나중에 이야기하자.	**Let's** talk later.
밤새 놀아보자.	**Let's** stay out all night!

A: **Let's** call it a day. 퇴근하죠.
B: Sounds good to me. 좋은 생각이야.

파티를 시작하자, 그럴래?	**Let's** start a party, shall we?
술 좀 마시자, 그럴래?	**Let's** get some drinks, shall we?
우리 영화보자, 그럴래?	**Let's** just go to the movie, shall we?

A: **Let's** buy a new smart TV, shall we? 우리 스마트 TV 새로 사자?
B: Will you stop? We can't afford that! 그만해. 우린 여유가 없잖아!

그건 생각하지 말자.	**Let's not** think about it.
이제 더 이상 서로 탓하지 말자.	**Let's not** blame each other anymore.
더 이상 수업 빼먹지 말자.	**Let's not** skip the class anymore.

A: How would you like to go to a movie? 영화 보러 가는거 어때?
B: **Let's not** go downtown tonight. 오늘밤 시내 나가지 말자.

STEP 01 PATTERN 28

상대방에게 명령할 때

...해라

공식 1

Be+형용사 …해라

Be nice. 점잖게 굴어.
Be honest. 솔직해 봐.

공식 2

Be+명사 …가 되어라

Be a man! 남자답게 굴어라!
Be an adult. 어른스럽게 굴어.

공식 3

Be sure to+동사 반드시 …해라

Be sure to check it. 그거 점검해 봐.
Be sure to call him back. 반드시 걔한테 전화해 줘.

be동사 명령문으로 be 다음에 형용사(Be careful)이나 명사(Be a man)를 붙여서 만들면 된다. 그리고 Be sure to~또한 이에 해당되는 표현으로 상대방에게 「반드시 …해라」라고 당부할 때 사용된다.

RESTART

인내심을 가져. 시간이 걸려. **Be** patient. It takes time.

걔한테 잘 해줘. **Be** nice to her.

7시 40분까지 여기에 와. **Be** here at 7:40.

A: Someday I just feel like giving up. 언젠가 그냥 내가 포기하고 싶어.
B: **Be** strong. Things will get better soon. 강해져야지. 곧 더 나아질거야.

착하게 굴어! **Be** a good boy!

내 들러리가 되어줘. **Be** my best man.

좋은 아빠가 되어라. **Be** a good father.

A: **Be** a man and take responsibility for your family.
남자답게 가족에 대해 책임감을 가져.
B: What do you mean specifically? 구체적으로 어떤 걸 말하는거야?

반드시 문을 잠가. **Be sure to** lock the door.

반드시 숙제를 해. **Be sure to** do your homework.

전부 다 점검해봐. **Be sure to** check them all.

A: **Be sure to** call him back. 반드시 걔한테 전화해 줘.
B: Don't worry. I will. 염려마. 그렇게 할게.

STEP 01

PATTERN 29

상대방에게 금지하거나 충고할 때

…하지마

공식 1

Don't+동사 …하지마

Don't say a word. 한마디도 하지마.

Don't do this to me again. 내게 다신 이러지마.

공식 2

Don't be+형용사 …해 하지마

Don't be sorry. 미안해하지마.

Don't be scared. 겁먹지마.

공식 3

Never+동사 절대로 …하지마

Never mind that. 그거 신경 쓰지마.

Never give up. 절대 포기하지마.

부정명령문은 상대방에게 뭔가를 금지하거나 신신당부하는 것으로 Don't+일반동사로 혹은 Don't be+형용사[명사] 형태로 쓴다. Never+동사로 써도 같은 의미가 된다.

RESTART

그거 걱정마. **Don't** worry about it.

오해하지마. **Don't** take me wrong.

전화 끊지 말고 내 얘기 들어. **Don't** hang up. Just listen.

A: You said I'm such a loser? 내가 아주 삐주리라고 했다며?
B: **Don't** take me wrong. I didn't mean that. 오해하지마. 그런 뜻이 아니었어.

초조해하지마. **Don't** be nervous.

미안해하지마. **Don't** be sorry.

너무 겁먹지마. **Don't** be scared to death.

A: **Don't** be sorry. 미안해하지 말라고.
B: But I screwed up big time. 하지만 내가 큰 실수를 했는걸.

기운 내, 약한 소리하지마! **Never** say die!

걱정하지마. **Never** fear.

내 앞에 나타나지마. **Never** show your face to me.

A: How can I make it up to you? 어떻게 배상해드리면 될까요?
B: **Never** mind! Just pay for the damages. 걱정마! 손해배상금만 내세요.

STEP 01

PATTERN 30

현재 혹은 곧 내가 할 일을 말할 때

난 ...하고 있어

공식 1

I am ~ing 난 …하고 있어

I'm working for him. 걔 밑에서 일해.

I'm looking for a book. 책을 찾고 있어.

공식 2

I am not ~ing 난 …하고 있지 않아

I'm not lying. 거짓말 아니야.

I'm not going. 가지 않을거야.

공식 3

I was ~ing 난 …하고 있었어

I was watching TV. TV를 보고 있었어.

I was sitting outside. 난 밖에 앉아 있었어.

현재진행형으로 「내가 지금 …하고 있음」을 말하는 표현. 어떤 상태나 동작이 계속 진행 중임을 말하거나 가까운 미래를 표현한다. 한편 「난 …하고 있었어」라고 지나간 과거를 말할 때는 I was+~ing 라고 하면 된다.

RESTART

그냥 둘러보는 거예요. **I'm just looking around.**

난 헬싱키를 방문할거야. **I'm going to visit Helsinki.**

감기 걸린 것 같아. **I think I'm catching a cold.**

A: Can I help you with anything? 도와드릴까요?
B: No, thank you, I'm just looking around.
고맙지만 괜찮아요. 그냥 구경만 하는거예요.

기분이 별로 안 좋아. **I'm not feeling well.**

난 아무 것도 말하지 않을래. **I'm not telling anything.**

지금 현재 전혀 저축을 하고 있지 않아. **I'm not saving any money right now.**

A: Will you be around this weekend? 이번 주말에 어디 안가요?
B: Yeah, I'm not going anywhere special. 네, 특별히 갈 데 없어요.

그저 할 일을 했을 뿐인데요. **I was just doing my job.**

그때 난 술을 마시고 있지 않았어. **I was not drinking at that time.**

난 교회 밖에서 앉아 있었어. **I was sitting outside the church.**

A: What are you going to have? 뭐 먹을래?
B: I was thinking of the special. 스페셜을 먹을까 했는데.

STEP 01 PATTERN 31

상대방이 현재하고 있는 행동을 말할 때

넌 ...하고 있잖아

공식 1

You are ~ing 넌 …을 하고 있어

You're
- making a mistake. 너 실수하고 있는거야.
- talking too much. 넌 말이 너무 많아.

공식 2

You are not ~ing 넌 …하지 않고 있어

You are not
- telling the truth. 넌 진실을 말하고 있지 않아.
- going to believe it. 넌 믿지 못할거야.

공식 3

Are you ~ing? 너 …해?

Are you
- coming with us? 우리랑 같이 갈래?
- still playing? 아직도 놀고 있니?

You're+ ~ing 형태로 ~ing 자리에 다양한 동사를 써보며 문장을 만들어 보면 된다. 또한 Are you+ ~ing? 형태의 의문문도 회화에서 자주 쓰이는 표현이니 함께 만들어보는 연습을 해보기로 한다.

RESTART

농담하지마. **You're** kidding me.

너 때문에 놀랐잖아. **You're** scaring me.

너 내게 거짓말하지. **You're** lying to me.

A: I'm sorry but I have to break up with you. 미안하지만 너랑 헤어져야겠어.
B: **You're** kidding me. 농담하지마.

너 내 말 안 듣고 있지. **You're not** listening.

너 오늘 일하지 않지. **You're not** working today.

너 못 믿겠지만 나 승진했어! **You're not** going to believe it. I got promoted!

A: Look, don't get so upset at me. 이봐, 나한테 너무 화내지마.
B: I'm angry because **you're** just **not** listening.
네가 내 말을 듣지 않으니까 화난거지.

도움을 받고 계신가요? **Are you** being helped?

아직도 컴퓨터 게임하니? **Are you** still playing computer games?

대니 병문안하러 병원갈래? **Are you** going to visit Danny in the hospital?

A: **Are you** coming to the party tonight? 오늘밤 파티에 올거야?
B: I can't. I have an appointment. 안 돼. 선약이 있어.

STEP 01

PATTERN 32

상대방에게 고마움을 표시할 때

...해서 고마워

공식 1

Thank you for+명사 …에 고마워

Thank you for the ride. 태워줘서 고마워.

Thank you for your time. 시간 내줘서 고마워.

공식 2

Thank you for ~ing …해줘서 고마워

Thank you for coming. 와줘서 고마워.

Thank you for saying that. 그렇게 말해줘서 고마워.

공식 3

Thanks for+명사 …에 대해 고마워

Thanks for the gift. 선물 고마워.

Thanks for the lovely dinner. 멋진 저녁식사 고마워.

Thank you for~이하에 고마운 내용을 명사나 혹은 ~ing 형태를 넣으면 된다. 물론 Thank you를 Thanks로 바꿔 Thanks for~라고 해도 되고, 상대방의 제의를 거절하면서 "고맙지만 괜찮아요."라고 말하려면 No, thank you라고 하면 된다.

RESTART

네가 도와줘서 고마워. **Thank you for** your help.

멋진 선물 고마워. **Thank you for** the lovely present.

시간 내줘서 고마워. **Thank you for** your time.

A: **Thank you for** the ride. 태워다줘서 고마워요.
B: You're welcome. I was going this way anyway.
천만에요. 어차피 이 길로 가는 걸요.

여기 와줘서 고마워. **Thank you for** coming here.

우릴 초대해줘서 고마워. **Thank you for** inviting us.

말해줘서 고마워. **Thank you for** telling me.

A: I want to **thank you for** letting me use the car. 차 빌려줘서 고마워요.
B: It was nothing. 별 것도 아닌데요.

다 고마워. **Thanks for** everything.

예쁜 꽃을 줘서 고마워. **Thanks for** the lovely flower.

지난밤 저녁 고마워. **Thanks for** the dinner last night.

A: Can I help you with anything? 뭐 도와드릴까요?
B: **Thanks for** asking. 물어봐줘서 고마워요.

STEP 01

PATTERN 33

상대방에게 미안함을 표현할 때

...해서 미안해

공식 1

I am sorry about[for]+명사 …에 대해 미안해

I'm sorry about
- that. 그거 미안해.
- the mistake. 실수해서 미안해.

공식 2

I am sorry to+동사 …해서 미안해, 유감이야

I'm sorry to
- hear that. 안됐네.
- bother you. 귀찮게 해서 미안해.

공식 3

I am sorry 주어+동사 …해서 미안해

I'm sorry
- I'm late again. 또 늦어서 미안해
- I can't make it. 미안하지만 못 갈 것 같아.

I'm sorry about[for]~ 형태 외에 to+동사나 절이 와서 I'm sorry to+동사, I'm sorry (that) 주어+동사 형태로도 많이 쓰인다. 기본적으로는 잘못을 사과하는 표현이지만 상대방에게 안 좋은 일이 일어났을 때 위로하는 표현으로 사용되기도 한다.

RESTART

어젯밤 일은 안 됐어.	**I'm sorry about** last night.
지연이 되어 미안해요.	**I'm sorry about** the delay.
네 문제들은 유감이야.	**I'm sorry about** your problems.

A: Do you want to break up with me? 나하고 헤어지고 싶은거야?
B: I have to. **I'm sorry about** that. 그래야겠어. 미안해.

오래 기다리게 해서 미안해.	**I'm sorry to** have kept you waiting for so long.
폐를 끼쳐서 미안해요.	**I'm sorry to** trouble you.

A: I just found out that I got transferred.
제가 전근 대상이 되었다는 걸 방금 알았어요.
B: **I'm sorry to** hear that. 그렇다니 정말 유감이네요.

미안하지만 가야 해요.	**I'm sorry** I have to go.
미안하지만 지금 아주 바빠요.	**I'm sorry** I am quite busy right now.
너무 오래 기다리게 해서 죄송합니다.	**I'm sorry** I kept you waiting so long.

A: Is Bill available? 빌 있나요?
B: **I'm sorry** he just stepped out. 어쩌죠, 지금 막 나갔는데요.

STEP 01

PATTERN 34

기쁘고 만족해할 때

난 ...에 만족해

공식 1

I am happy with[about]+명사

…에 만족해

I am happy with
- that. 난 그거에 만족해.
- you. 난 너 때문에 행복해.

공식 2

I am not happy with[about]+명사

…에 만족하지 않아

I am not happy with my
- job. 난 내 일에 만족하지 않아.
- this schedule. 난 이 일정에 만족하지 못해.

공식 3

I am happy to+동사(that)

…해서 무척 만족스러워

I am happy to
- see you. 널 보게 되어 만족해.
- stay here. 여기 있게 되어 만족스러워.

I'm+형용사[과거분사]+전치사~ 의 형태로 나의 감정이나 상태를 나타내는 표현. be worried about, be sorry about, be sick of, be proud of 등의 표현들이 주로 회화에서 많이 쓰인다. 여기서는 I'm happy with[to~]의 표현을 알아본다.

RESTART

난 내 직업에 만족해. **I'm happy with** my job.

내 삶에 만족해. **I'm happy with** my life.

난 내 대학에 만족해. **I'm happy with** my college.

A: How do you like your new house? 새로 들어간 집이 어떠니?
B: **I am totally happy with** it. 완전히 만족스러워.

난 그게 만족스럽지 않아. **I'm not happy with** that.

내 외모가 마음에 들지 않아. **I'm not happy with** my look.

네 옷이 마음에 들지 않아. **I'm not happy with** your dress.

A: Tell me, what's wrong? 말해봐, 뭐가 문제야?
B: **I'm not happy with** my job any more. 더 이상 내 직업이 마음에 들지 않아.

너랑 같이 있게 되어 행복해. **I'm happy to** be with you.

네가 와줘서 무지 좋아. **I'm** very **happy to** have you here.

널 만나게 되어 좋아. **I'm happy to** be able to meet you.

A: What makes you so happy? 왜 그렇게 행복해하니?
B: **I'm happy to** have a chance to teach. 가르칠 기회가 생겨서.

STEP 01

PATTERN 35

역시 기쁘고 반가울 때

난 ...해서 기뻐

공식 1

I am glad to+동사 난 …해서 기뻐

I'm glad to
- meet you. 널 만나서 기뻐.
- hear that. 그 얘기를 들으니 기쁘네.

공식 2

I am glad to hear[see]~ …하니 기뻐

I am glad to
- see you are okay. 네가 괜찮다니 기뻐.
- hear you say that. 네가 그렇게 말해주니 기뻐.

공식 3

I am glad 주어+동사 난 …해서 기뻐

I am glad
- you like it. 네가 좋다니 기뻐.
- you are here. 네가 여기 있어 기뻐.

처음 만나서 주고받는 인사인 Glad to meet you로 잘 알려진 표현. 「…하게 되어 (내가) 기쁘다」라는 의미로 I'm glad to~ 혹은 I'm glad (that) 주어+동사의 형태를 사용하면 된다.

RESTART

널 만나서 기뻐.	**I am glad to** meet you.
도움이 되다니 기뻐.	**I'm glad to** be of help.
편지를 받아 기뻐.	**I'm glad to** get a letter.

A: **I'm glad to** be back on the job. 다시 일할 수 있게 돼서 기뻐.
B: How long were you off sick? 병가로 얼마나 결근했지?

네가 괜찮다니 기뻐.	**I'm glad to** hear you're all right.
그걸 듣게 되어 기뻐.	**I'm glad to** hear that.
걜 다시 보게 되어 기뻐.	**I am glad to** see her again.

A: Delicious! That was the best meal I ever had.
맛있어라! 이제껏 먹어본 것 중에 최고의 식사였어.
B: **Glad to** hear you liked it. 맛있게 먹었다니 기뻐.

그렇게 생각한다니 기뻐.	**I'm glad** you feel that way.
그렇게 생각해주니 기쁘네요.	**I'm glad** you think so.
여기 와줘서 고마워.	**I'm glad** you came here.

A: That new software package is great. 저 새로운 소프트웨어 대단해.
B: **I'm glad** you like it. 네가 좋다니 기뻐.

STEP 01

PATTERN 36

아주 무척 기뻐 신날 때

...에 신나

공식 1

I am excited about+명사

난 …에 신나

I am excited about
- the game.
  그 게임에 빠져있어.
- our marriage plan.
  우리 결혼계획에 대해 들떠 있어.

공식 2

I am excited to+동사

난 …하게 되어 신나

I am excited to
- meet you. 널 만나게 되어 신나.
- travel abroad. 해외여행에 신나.

공식 3

I am excited that[because/when] 주어+동사

난 …에 신나

I am excited that
- you're here.
  네가 오게 돼서 너무 신나.
- you will get married.
  네가 결혼하게 되어 기뻐.

기분이 너무 좋아 들뜨고 흥분될 때 쓸 수 있는 단어가 excite로 주로 수동태형 be excited about[to+동사] 형태로 많이 쓰인다. 우리말로 옮기자면 「…하게 돼 신난다」에 해당하는 말. 물론 get을 be 동사 대신 써도 된다.

RESTART

정말 기대되는데! **I am pretty excited about it!**

넌 쇼핑가는거에 들떠 있어. **You're excited about going shopping.**

걔가 여기 오는게 너무 기대돼. **I'm just so excited about having her here.**

A: Are you excited about celebrating Christmas?
크리스마스를 즐길 생각에 신나니?
B: Yes, I think I'll get a lot of presents. 그럼, 선물을 무지 많이 받을거야.

널 다시 만나게 되어 무척 신나. **I am so excited to see you again.**

걘 해외여행 가는데 들떠 있어. **He is excited to travel overseas.**

저기, 널 만난다는 거에 무척 신났었어. **Well, I was just so excited to see you.**

A: I am much excited to meet you. 널 만나게 되어 너무 기뻐.
B: Well, it is nice to meet you too. 그래, 나도 만나게 되어 좋아.

걔가 집에 온다고 해서 너무 기뻐. **I'm just excited that she's coming home.**

네가 오늘밤 나와 줘서 너무 기뻐. **I'm so excited you're coming out tonight.**

데이트 신청하자 걔가 너무 기뻐했어. **She was so excited when I asked her out.**

A: What makes you so happy these days? 요즘 뭐 땜에 그렇게 행복해하니?
B: I am so excited I can make a trip to the States at last.
드디어 미국여행을 하게 되서 무지 기뻐.

STEP 01

PATTERN 37

어떤 행동을 할 준비가 되었다고 할 때

...할 준비가 되어 있어

공식 1

I am ready for+명사(to+동사)

…할 준비가 되어 있어

I'm ready
- for a promotion. 난 승진할 준비가 되어 있어.
- to do it. 그거 할 준비됐어.

공식 2

I am not ready for+명사/to+동사

…할 준비가 안됐어

I am not ready
- for the trip. 난 여행준비가 안되었어.
- to order yet. 아직 주문할 준비가 안됐어.

공식 3

Are you ready for+명사/to+동사?

…할 준비가 되어 있니?

Are you ready
- for our meeting? 회의 준비됐어?
- to order now? 지금 주문하시겠어요?

be ready for+명사[to+동사]~는 「…할 준비가 되어 있다」라는 의미로 Are you ready for+명사[to do~]는 상대방에게 「…할 준비가 되었냐」고 물어보는 표현. be all set 또한 be ready와 같은 의미.

RESTART

지금 갈 준비 됐어. **I'm ready** to go now.

널 도와줄 준비가 되어 있어. **I'm ready** to help you.

우린 회의를 열 준비가 되어 있어. **We are ready** to hold the meeting.

A: **I'll be ready** to go in five minutes. 난 5분이면 준비가 될거야.
B: What do you still have to do? 뭘 더해야 하는데?

난 시험 준비가 안 되어 있어. **I'm not ready** for the test.

난 아직 결정을 내릴 준비가 안 되어 있어. **I'm not ready** to decide yet.

난 아직 은퇴할 준비가 되어 있지 않아. **I'm not ready** to retire.

A: What would you like to eat? 뭘 드실래요?
B: **We're not ready** to order yet. 아직 결정 못했어요.

갈 준비되어 있니? **Are you ready** to go?

이거 준비됐어? **Are you ready** for that?

그 제안을 수락할 준비가 되었니? **Are you ready** to accept the offer?

A: **Are you ready** for the test? 시험 준비됐니?
B: I guess so. Wish me luck. 그런 것 같아. 행운을 빌어줘.

STEP 01 PATTERN 38

어떤 일에 관심이 있다고 말할 때

...에 관심이 있어

공식 1

I am interested in+명사[~ing]

난 …에 관심이 있어

I'm interested in
- the yoga class.
  난 요가반에 관심이 있어.
- the stock market.
  난 주식시장에 관심이 있어.

공식 2

I'm not interested in+명사[~ing]

난 …에 관심이 없어

I'm not interested in
- politics.
  난 정치에 관심이 없어.
- playing golf.
  난 골프치는데 관심이 없어.

공식 3

Are you interested in+명사[~ing]?

넌 …에 관심이 있니?

Are you interested in
- the deal?
  이 거래에 관심이 있니?
- the Korean culture?
  한국문화에 관심이 있니?

be interested in이라고 쓰고, in 다음에 관심이 가는 내용을 명사 혹은 ~ing로 붙이면 된다. 이는 interest를 명사로 사용해서 표현할 수도 있는데 관사를 붙이지 않고 have interest in~이라고 하면 된다.

RESTART

난 컴퓨터 게임에 관심이 많아. **I am much interested in computer games.**

빌은 사진 찍는데 관심이 있어. **Bill is interested in taking photos.**

난 공포영화를 보는데 관심이 있어. **I am interested in watching horror movies.**

A: I'm interested in the new yoga class. 난 새로 생긴 요가반에 관심이 있어.
B: Me too! Why don't we join together this Saturday?
나도! 이번 토요일에 같이 가입하는게 어때?

난 영화스타들을 만나는데 관심이 없어. **I'm not interested in meeting movie stars.**

난 쇼핑가는 것에 관심이 없어. **I'm not interested in going shopping.**

갠 우리랑 일하는 것에 관심이 없어. **She's not interested in working with us.**

A: Would you like to go to a museum? 박물관에 가고 싶니?
B: No, I'm not interested in art. 아니, 난 예술에 관심이 없어.

차에 관심이 있니? **Are you interested in cars?**

이 반지에 관심 있어? **Are you interested in this ring?**

A: Are you interested in coming over for a barbecue tomorrow?
내일 바비큐 먹으러 올래요?
B: Tomorrow is not a good time. Thanks anyway, though.
내일은 좀 그런데요. 아무튼 고마워요.

STEP 01

PATTERN 39

말하는 내용이 확실할 때

...가 확실해

공식 1

I am sure of[about]+명사 …가 확실해

I am sure
- of her love. 걔의 사랑은 확실해.
- about that. 그거 확실해.

공식 2

I am sure 주어+동사 …가 확실해

I am sure
- I locked the door. 내가 문을 확실히 잠갔어.
- I can do it. 내가 그걸 확실히 할 수 있어.

공식 3

Are you sure 주어+동사? …가 확실하니?

Are you sure
- you did it? 정말 네가 그렇게 한거야?
- you want this? 이걸 원하는게 맞아?

sure는 회화용 단어라 할 정도로 영어회화에서 아주 많이 쓰인다. 먼저 여기서는 내가 확신하고 있는 이야기를 할 때 사용되는 I'm sure of[about]~이나 I'm sure S+V 형태를 집중적으로 살펴본다.

RESTART

이 문제에 대한 해답이 확실해. **I'm sure** about the answer to this question.

일정이 확실해. **I'm sure** of the schedule.

나에 대한 걔의 사랑은 확실해. **I'm sure** of her love for me.

A: I think that you made a mistake here. 네가 여기서 실수한 것으로 생각돼.
B: No I didn't. **I'm sure about** that. 아냐, 확실해.

네가 이걸 이해할거라고 확신해. **I'm sure** you'll understand this.

그게 꼭 필요하지 않을 수도 있을거야. **I'm sure** that won't be necessary.

걔는 괜찮아질거라고 확신해. **I'm sure** she's going to be all right.

A: **I'm sure** she wants to live with you. 그 여자는 너랑 살고 싶어 하는게 확실해.
B: You're sure? You're absolutely sure? 정말야? 정말 확실한거야?

그게 정말 맞아? **Are you sure** about that?

정말 너 그거 할 수 있어? **Are you sure** you'll be able to do it?

하루 더 머물러도 정말 괜찮아? **Are you sure** it's OK if we stay another day?

A: **Are you sure** you can't do it? 못하는거 확실해?
B: I can! I choose not to! 할 수는 있지만 안 하기로 한거야!

STEP 01

PATTERN 40

말하는 내용이 확실하지 않을 때

...가 확실하지 않아

공식 1

I am not sure of[about]+명사

…를 잘 모르겠어

I am not sure
- of my plan. 내 계획이 확실치 않아.
- about that. 확실히 몰라.

공식 2

I am not sure+의문사구

…할지 모르겠어

I am not sure
- where to go. 어디로 갈지 모르겠어.
- what to do. 뭘 할지 모르겠어.

공식 3

I am not sure if[what] 절

…인지 잘 모르겠어

I am not sure
- if I can do it.
  내가 그걸 할 수 있을는지 모르겠어.
- she will come.
  걔가 올지 잘 모르겠어.

자신 없는 이야기를 할 때나 확신이 없을 때는 I'm not sure of[about]~ 혹은 I'm not sure S+V 형태로 사용하면 된다. 특히 I'm not sure 의문사 to do~ 구문과 I'm not sure if[what] S+V 등 의문사 절이 오는 구문도 함께 연습해보도록 한다.

RESTART

난 그 차이에 대해 잘 모르겠어. **I am not sure of the difference.**

아직 아무 것도 몰라. **I'm not sure of anything yet.**

내일 날씨에 대해 잘 모르겠어. **I'm not sure about the weather tomorrow.**

A: I'm not sure about the price of this item. 이 물건 가격이 확실하지 않아.
B: We can ask a clerk how much it costs. 점원에게 얼만지 물어볼 수 있지.

어느 것을 택해야할지 모르겠어. **I am not sure which one to take.**

어떤 메뉴판을 보고 골라야 할지 모르겠어. **I'm not sure which menu to use.**

이 전화를 어떻게 켜는지 모르겠어. **I'm not sure how to turn on this phone.**

A: I'm not sure how to input these numbers.
이 숫자들을 어떻게 넣는지 모르겠어.
B: Let me handle it. 내가 처리할게.

무슨 말인지 모르겠어. **I'm not sure what you mean.**

그게 좋은 생각인지 잘 모르겠어. **I'm not so sure if that's a good idea.**

걔가 나와 결혼할지 모르겠어. **I'm not so sure if she's going to marry me.**

A: I'm not sure if this computer program will work.
이 컴퓨터 프로그램이 작동될지 모르겠어.
B: Why don't you try it? 한번 해보지 그래?

STEP 01

PATTERN 41

걱정과 근심이 가득할 때

난 ...가 걱정돼

공식 1

I am worried[worry] about+명사

…가 걱정돼

I am worried about that. 그게 걱정이 돼.

I am worried about my career. 내 경력이 걱정 돼.

공식 2

I am worried[worry] 주어+동사

…가 걱정돼

I am worried it's too late. 너무 늦을까 걱정돼.

I am worried it's too cold. 너무 추울까 걱정돼.

공식 3

I am concerned about+명사

…가 걱정돼

I am concerned about you. 네가 걱정돼.

I am concerned about my grade. 내 학점이 걱정돼.

무엇에 관해 걱정이 될 때 사용하는 표현으로 I'm worried하면 "걱정돼"라는 의미이고 걱정의 대상을 말하려면 I'm worried about~을 쓰면 된다. 물론 걱정이 되는 것을 자세히 말하려면 I'm worried that S+V의 구문을 사용해도 된다.

RESTART

네 안전이 우려돼. **I'm worried about** your safety.

네 건강이 우려돼. **I'm worried about** your health.

A: **I'm worried about** Dick. He doesn't look good these days.
딕이 걱정이야. 요즘 안 좋아 보여.

B: I heard his wife is asking him to divorce.
아내가 이혼하자고 그런대.

실수가 되지 않을까 걱정 돼. **I'm worried** it's going to be a mistake.

늦을까봐 걱정돼. **I'm worried** I might be late.

걔가 화가 났을까봐 걱정돼. **I'm worried** she might be angry.

A: **I'm worried** Pam won't come to the party.
팜이 파티에 오지 않을 것이 걱정돼.

B: Why? Is she still angry with you? 왜? 걔가 아직도 너한테 화가 나있니?

내 수학 학점이 걱정 돼. **I am concerned about** my math grade.

걔가 시험에 떨어질까 걱정 돼. **I'm concerned** she may fail the test.

게리와 그의 가족들이 걱정 돼. **I'm concerned about** Gary and his family.

A: I'm not going to die that easy. Don't worry about that.
그렇게 쉽게 난 안 죽을거야. 걱정마.

B: I'm not worried. **I'm concerned**. 걱정하는게 아니라 염려가 돼서.

STEP 01

PATTERN 42

뭔가 당황하고 혼란스러울 때

...에 당황돼

공식 1

I am embarrassed about+명사/to+동사

…에 당황스러워

I'm embarrassed
- about speaking in public.
  대중앞에서 연설하기가 싫어.
- to tell you.
  당황스러워서 네게 말할 수 없었어.

공식 2

I am confused by+명사

…에 혼란스러워

I am confused by
- the explanation.
  그 설명으로 혼동되었어.
- the signs on the road.
  도로 사인이 혼동되었어.

공식 3

I am ashamed of~

…가 수치스러워

I was ashamed of
- her bad behavior.
  난 걔의 행동이 수치스러웠어.
- the problems I created.
  내가 만든 문제로 수치스러웠어.

I am[feel]+pp의 구문으로 「당황하다」는 의미의 I'm embarrassed (about~/to do), 「혼란스럽다」는 의미의 I'm confused, 「수치스럽다」는 의미의 I'm ashamed of~를 연습해보자.

RESTART

난 좀 당황스러워. **I'm** kind of **embarrassed.**

너무 창피해서 그 말은 못하겠어. **I am** too **embarrassed** to say the word.

A: Have you asked him about it? 그것에 대해 걔에게 물어봤어?
B: **He's embarrassed.** He doesn't want to talk about it.
걘 당황해서 그것에 대해 말하고 싶지 않대.

좀 혼란스러워. **I'm** a little confused.

선생님의 설명에 혼란스러워. **I am confused by** the teacher's explanation.

좀 헷갈리는 사람들도 있을 것 같아요 I think some of us **are feeling confused.**

A: The menu has so many choices that **I'm confused!**
음식 종류가 너무 많아서 고민이야!
B: I know but nothing appeals to me today.
그래. 하지만 오늘은 딱히 끌리는게 없는걸.

내 자신이 부끄러워. **I am ashamed of** myself.

난 부끄러울 것이 없어. I have nothing to be **ashamed of.**

걘 자신의 낡은 옷이 수치스러웠어. **He was ashamed of** his old clothes.

A: You stole the money. **I'm ashamed of** you. 돈을 훔쳤어. 부끄러운 일이야.
B: I'm sorry Dad. I won't let it happen again.
죄송해요 아빠. 다시는 안 그럴게요.

Step 2

핵심패턴 말문트기

PATTERN 01

내게 뭔가 있다고 말할 때

난 ...가 있어

공식 1

I've got+명사 난 …가 있어

I've got a question. 질문이 있어.
I've got a new plan. 새로운 계획이 있어.

공식 2

You've got+명사 네게 …가 있어

You've got a meeting. 3시에 회의가 있어.
You've got a problem. 당신 문제가 있어.

공식 3

We've got+명사 우리에게 …가 있어

We've got some gifts. 선물이 약간 있어.
We've got plenty of time. 시간이 많이 남아 있어.

have got은 「갖고 있다」라는 뜻의 have와 같은 의미. 이때 have는 축약되거나 (I've) 혹은 생략되기도 하여 I got~으로 쓰이기도 한다. You've got a meeting at three(3시에 회의 있어요)처럼 You've got+명사~ 하게 되면 「네게 …가 있다」라는 뜻.

RESTART

네게 줄게 있어. **I've got** something for you.

할 일이 많아. **I've got** so much to do.

눈에 뭐가 들어갔어. **I've got** something in my eye.

A: You look stressed out. What's wrong?
스트레스에 지쳐 빠진 것 같으네. 무슨 일이야?
B: **I've got** so much to do and I have to go now.
해야 할 일이 너무 많아서 지금 가야돼.

네 말이 맞아. **You've got** a point there.

농담하지마. **You've got** to be kidding.

3시에 회의가 있어. **You've got** a meeting at three.

A: Actually, I must go now. 실은 그만 가야 돼요.
B: Oh, that's right. **You've got** a meeting at three.
어, 그래요. 3시에 회의가 있죠.

우리 난제가 생겼어. **We've got** a challenge.

우린 문제가 있어. **We've got** a problem.

애들 모두를 위한 선물이 있어. **We've got** gifts for all of the children.

A: I think we're going to be late. 우리 늦을 것 같아.
B: **We've got** plenty of time. 시간 충분해.

STEP 02

PATTERN 02

지금 먹고 싶은거나 하고 싶은 일을 말할 때

...하고 싶어요

공식 1

I'd like+명사 …로 줘

I'd like hot tea. 뜨거운 차로 주세요.

I'd like another beer. 맥주 한잔 더 하고 싶어.

공식 2

I'd like to+동사 …하고 싶어

I'd like to talk to you. 너와 얘기하고 싶어.

I'd like to chat with you. 너랑 잡담하고 싶어.

공식 3

I'd like you to+동사 …해줘

I'd like you to meet my friend. 내 친구와 인사해.

I'd like you to leave right now. 지금 당장 떠나줘.

「내가 지금 …을 원하거나」, 「…을 하고 싶다」는 현재의 마음을 표현하고 싶을 때는 I would like~ 를 쓰면 된다. 보통 축약하여 I'd like+명사[to do]~ 형태로 쓴다.

RESTART

창가 좌석으로 주세요. **I'd like** a window seat.

보통 베이글에 크림치즈를 주세요. **I'd like** plain bagel with cream cheese.

커피에 우유를 타 주세요. **I'd like** my coffee with milk.

A: **I'd like** a round-trip ticket to Chicago. 시카고 행 왕복 항공권을 사고 싶은데요.
B: When would you like to depart and return?
언제 출발해서 언제 돌아오시나요?

너희들 와줘서 고마워. **I'd like to** thank you guys for coming here.

건배하자. **I'd like to** propose a toast.

너와 그거에 대해 얘기하고 싶어. **I'd like to** talk to you about that.

A: **I'd like to** buy this coat. 이 코트를 사고 싶은데요.
B: Will that be cash or charge? 현금 아님 신용카드로 하시겠어요?

그것에 대해 생각 좀 해줘. **I'd like you to** think about that.

지금 당장 떠나줘. **I'd like you to** leave right now.

걔하고 얘기를 해봐. **I'd like you to** talk with her.

A: **I'd like you to** finish the project as soon as possible.
가능한 한 빨리 이 프로젝트를 끝내 줘.
B: Alright, I'll get right on it. 그래, 바로 시작할게.

STEP 02

PATTERN 03

내가 하고 싶다고 캐주얼하게 말할 때

...하고 싶어

공식 1

I want+명사/to+동사 …하고 싶어

I want to talk to you. 너하고 얘기하고 싶어.

I want to ask you something. 뭐 좀 물어볼게.

공식 2

I don't want to+동사 …하고 싶지 않아

I don't want to lose you. 너를 잃고 싶지 않아.

I don't want to be rude. 무례를 범하고 싶지 않아.

공식 3

I want you to+동사 …해줘라

I want you to be happy. 네가 행복했으면 해.

I want you to meet my friend, Sam. 인사해, 내 친구 샘이야.

I'd like~ 와 같은 의미이지만 I want~는 친구 등 친밀한 사이에서 격의 없이 말할 때 사용하는 표현. 부정으로 I don't want to~ 하게 되면「…하고 싶지 않아」라는 의미가 된다.

RESTART

도와줘서 고마워요. **I want to** thank you for helping me.

다시 붙고 싶어. **I want** a rematch.

결혼하고 싶어. **I want** a marriage.

A: **I want to** reconfirm my reservation. 예약을 재확인하려고요.
B: What is your flight number? 비행편 번호가 어떻게 되시죠?

매일 야근하고 싶지 않아. **I don't want to** work overtime every day.

늦고 싶지 않아. **I don't want to** be late.

널 다시 보고 싶지 않아. **I don't want to** see you again.

A: Come on, **I don't want to** be late to the meeting again.
서둘러, 회의에 또 늦기 싫단 말이야.
B: Okay, okay. Quit yelling at me and relax.
알았어, 알았다고. 소리 좀 그만 지르고 진정해.

네가 우리랑 같이 하길 원해. **I want you to** join us.

내 선물 사와야 해. **I want you to** get me a present.

너랑 같이 있고 싶어. **I want you to** be with you.

A: Julie, **I want you to** meet my friend. This is Peter.
줄리, 인사해, 내 친구 피터야.
B: Hi! Nice to meet you. 안녕, 반가워.

PATTERN 04

상대방이 뭘 하고 싶은지 의향을 물을 때

...할래(요)?

공식 1

Would you like+명사/명사+pp? …해줄래요?

Would you like an appetizer?
애피타이저 드실래요?

Would you like this item delivered?
이 물건들을 배달해 드릴까요?

공식 2

Would you like to+동사? …할래요?

Would you like to come in? 들어오실래요?

Would you like to have coffee?
커피 드실래요?

공식 3

Would you like me to+동사? 내가 …해줄까?

Would you like me to do it?
내가 그걸 하길 원하니?

Would you like me to go with you?
너랑 같이 가자고?

Would you like~ 로 말한 다음에 상대방이 원하는 명사나 원하는 행동을 말해주면 된다. 한 단계 응용해서 Would you like+명사+ pp?하면 「…를 pp하게 할까요?」라는 의미로 명사를 어떤 상태로 하기를 원하느냐고 물어보는 문장이다.

RESTART

후식 좀 하실래요?	**Would you like** some dessert?
와인 좀 하실래요?	**Would you like** some wine?
마실 것 좀 줄까요?	**Would you like** something to drink?

A: I'd like a pizza. 피자 주세요.
B: **Would you like** a small or a large? 작은 걸로 드릴까요, 큰 걸로 드릴까요?

언제 나하고 데이트할래?	**Would you like to** go out with me sometime?
나랑 점심 먹으러 갈래?	**Would you like to** go out to lunch with me?
옷을 입어보시겠어요?	**Would you like to** try it on?

A: **Would you like to** go to a movie sometime? 나중에 한번 영화 볼래요?
B: Yeah, that'd be great. I'd love it. 그래요, 좋겠네요. 그럼 좋죠.

창문 내가 닫을까?	**Would you like me to** close the window?
그 파티에 내가 같이 가길 원하니?	**Would you like me to** join the party?
여기서 나가줄까?	**Would you like me to** get out of here?

A: **Would you like me to** help you? 내가 도와주길 바래?
B: No, thank you. I know what I'm doing. 고맙지만 됐어. 내가 알아서 할게.

STEP 02 PATTERN 05

상대방이 뭘 하고 싶은지 캐주얼하게 물을 때

...할래?

공식 1

Do you want+명사? …를 원하니?

Do you want
- a refund? 환불 원해요?
- a date? 데이트하길 원해?

공식 2

Do you want to+동사? …할래?

Do you want to
- come along? 같이 갈래?
- talk about it? 그거에 대해 얘기하고 싶어?

공식 3

Do you want me to+동사? 내가 …해줄까?

Do you want me to
- check again? 확인 더 해볼까요?
- go with you? 내가 같이 가길 원해?

앞의 Would you like+명사[to do~]?와 같은 의미지만 친한 사이에 「…할래?」, 「…하고 싶어?」라고 물어볼 때는 Do you want+명사[to do~]?를 쓰면 된다. 특히 Do you want+명사?의 경우, 음식 등을 권할 때 자주 사용된다.

RESTART

좀 먹을래? **Do you want** some?

거울 줄까? **Do you want** a mirror?

뭔가 따뜻한 걸 원해? **Do you want** something hot?

A: Regular unleaded. Please fill it up. 보통 무연휘발유로 가득 채워주세요.

B: No problem. **Do you want** the car wash with that?
알겠습니다. 세차도 해드릴까요?

술 한 잔 사줄래? **Do you want to** buy me a drink?

그 도시를 방문하길 원해? **Do you want to** visit the city?

나랑 데이트하고 싶어? **Do you want to** go out with me?

A: **Do you want to** go golfing this weekend? 이번 주말에 골프치러 갈래?

B: That's a great idea. 좋지.

내가 가르쳐줄까? **Do you want me to** teach you?

택시 불러드릴까요? **Do you want me to** call a cab?

내가 그만두길 원하니? **Do you want me to** quit?

A: **Do you want me to** give you a ride to the airport?
내가 공항까지 태워다 줄까?

B: Yes, I would really appreciate it. 그래주면 정말 고맙지.

STEP 02 PATTERN 06

확실하지 않아 추측해서 말할 때

…이겠구나

공식 1

You must be+형용사 너 …하겠구나

You must be
- tired. 너 피곤하겠구나.
- new here. 여긴 잘 모르시나봐요.

공식 2

It should be+형용사 …할거야

It should be
- cloudy tomorrow. 내일 흐릴거야.
- real easy. 정말 쉬울거야.

공식 3

That can't be+형용사/명사 그건 …일 리가 없어

That can't be
- true. 그게 사실일 리가 없어.
- good. 안 좋은 징조야.

must와 should는 「의무」 또는 「추측」을 의미할 때도 쓰이는 조동사이다. 어떤 일이 일어나거나 혹은 어떤 사실이 맞을 거라는 추측의 의미이다. 한편 S+can't be~ 는 「…일리가 없다」는 의미.

RESTART

무척 자랑스러우시겠어요. **You must be** very proud.

너 오웬이구나. **You must be** Owen.

그는 고객과 함께 있어요. **He must be** with a client.

> A: I didn't get the promotion. 승진에서 떨어졌어.
> B: **You must be** very upset about that. 엄청 열 받았겠구나.

너 괜찮을 것 같아. I think **you should be** okay.

도움이 될거야. **It should be** helpful.

걔들은 처벌 받아야 해. **They should be** punished.

> A: Are you expecting to get some more? 물건이 더 들어올 건가요?
> B: Yes, **they should be** here by next week. 네, 다음 주까지는 틀림없이 물건이 더 들어올 겁니다.

농담이겠지. **You can't be** serious.

확실하지 않잖아. **You can't be** sure.

남한테 의지만 할 수 없잖아. **You can't be** dependent on others.

> A: You have to stay late tonight. 오늘밤 늦게까지 남아 있어야 해.
> B: **You can't be** serious. I want to go home. 농담이겠지. 집에 가고 싶어.

STEP 02 PATTERN 07

여러 가지 가능성을 놓고 말할 때

...일지도 몰라(...일 수도 있어)

공식 1

She may be+형용사 걔가 …일 수도 있어

She may be right. 걔가 맞을 수도 있어.
wrong. 걔가 틀릴 수도 있어.

공식 2

He might+동사 걔가 …하고 있을지도 몰라

He might have cancer. 걔가 암일지도 몰라.
have the answer. 걔가 답을 가지고 있을지도 몰라.

공식 3

It might be+형용사/동사 …일 수도 있어

It might be true. 사실일 수도 있어.
raining. 비가 올지 몰라.

좀 더 소심한(?) 추측을 말하고자 할 때는 may를 사용해보자. may 조동사의 가장 큰 특징은 가능성(possibility)으로 You may[might]~ 하게 되면 아직 잘 모르는 이야기를 할 때 「…일 수도 있어」, 「…할지도 모르겠다」라는 표현이 된다.

RESTART

네 말이 맞을 수 있어. **You may be right about it.**

그 분은 나이가 들었을 수 있어. **He may be old.**

걔가 가난할 수 있어. **He may be poor.**

A: I'm not so sure that's a good idea. 그건 좋은 생각이라는 확신이 안 서는데.
B: **It may be** worth a try. 그래도 해봄직 할거야.

네가 도움을 필요로 할지 모른다고 생각했어. I thought **you might** need a hand.

걘 존하고 데이트했을지 몰라. **She might have a date with John.**

걘 남자친구가 있을지 몰라. **She might have a boyfriend.**

A: **Dave might** have the key. 데이브가 키를 가지고 있을지도 몰라.
B: I don't think so because he wasn't in yesterday.
그렇진 않을 걸. 어제 출근 안했잖아.

그게 도움이 될 수도 있으니 해봐. **It might be helpful. Just try it.**

그게 어려울 수도 있어. **It might be hard.**

너 속상할 수도 있어. **It might hurt you.**

A: **It might** leave a scar following the operation.
수술 후에 상처가 남을 수 있어요.
B: I am fully aware of the possibility. 그 가능성을 충분히 인지하고 있어요.

STEP 02 PATTERN 08

상대방에게 공손히 부탁할 때

…해도 될까요?

공식 1

May I+동사? 제가 …해도 될까요?

May I
- come in? 들어가도 되겠습니까?
- try it on? 입어 봐도 될까요?

공식 2

May I speak to+사람? …와 통화할 수 있나요?

May I speak to
- Tony? 토니 있나요?
- the supervisor? 관리자하고 통화할 수 있나요?

공식 3

You may+동사 네가 …해도 돼

You may
- go now. 가도 돼.
- play the piano. 피아노 연주해도 돼.

may는 추측뿐만 아니라 말하는 입장 방향에 따라 상대방에게 부탁을 하거나 혹은 상대방에게 허가를 할 수도 있다. May I~? 는 회화에서 많이 쓰이기는 하지만 윗사람, 처음 보는 사람 혹은 아는 사이라도 좀 조심스럽게 물어볼 때 사용한다.

RESTART

한 가지 여쭤 봐도 될까요?	**May I** ask you a question?
잠깐 얘기할 수 있을까요?	**May I** have a word with you?
여권[표]을 보여줄래요?	**May I** see your passport[ticket]?

A: **May I** help you? 제가 도와드릴까요?
B: Oh, no thanks, we're just here to look around.
괜찮아요. 그냥 둘러보러 왔어요.

다시 교환수랑 통화할 수 있나요?	**May I speak to** operator again?
성함이 어떻게 되신다고 했죠?	**May I** have your name again?
메시지 남겨도 될까요?	**May I** leave a message?

A: **May I speak to** supervisor? 관리자하고 통화할 수 있나요?
B: May I ask who's calling, please? 누구시죠?

잘 했어. 이제 가도 돼.	Good job. **You may** go now.
신용카드를 사용해도 돼.	**You may** use your credit card.
저녁 10시까지 연주할 수 있어.	**You may** play music until 10 pm.

A: Mr. Smith, I finished all of my work. 스미스 씨, 제 일을 다 끝냈는데요.
B: Good job. **You may** go now. 잘 했어요. 이제 가도 되요.

PATTERN 09

상대방에게 부탁하면서 양해를 구할 때

...해도 괜찮아요?

공식 1

Do you mind ~ing? …해도 될까요?

Do you mind
- closing the door? 문 좀 닫아줄래요?
- turning the TV off? TV 좀 꺼줄래요?

공식 2

Do you mind if 주어+동사? …하면 안 될까요?

Do you mind if
- I smoke in here? 여기서 담배 펴도 돼?
- I seat here? 여기 앉아도 돼?

공식 3

Would you mind ~ing/if 주어+동사?

…해주지 않을래요?

Would you mind
- doing me a favor? 날 좀 도와주지 않겠니?
- if I use your cellular phone? 핸드폰 좀 써도 될까요?

Would(Do) you mind~ing?하게 되면 「…하기를 꺼려하느냐?」, 즉 의역하면 「…하면 안될까?」로 조심스럽게 상대의 양해를 구하는 표현이 된다. 물론 would를 쓰면 do보다 정중해진다.

RESTART

내일 나 좀 태워 줄 수 있겠니? **Do you mind picking** me up tomorrow?

조금 일찍 올 수 있을까요? **Do you mind coming** somewhat earlier?

여기에 주차해도 괜찮을까요? **Do you mind parking** my car here?

A: **Do you mind picking** me up tomorrow? 내일 나 좀 태워 줄 수 있겠니?
B: Sure, what time? 물론이지. 몇 시에?

창문을 닫아도 될까요? **Do you mind if** I close the window?

솔직하게 말해도 괜찮을까요? **Do you mind if** I speak out?

여기 잠시 앉아도 돼? **Do you mind if** I sit here for a sec?

A: **Do you mind if** I use your bathroom? 화장실 좀 써도 되겠어?
B: No, go ahead. 그래, 그렇게 해.

질문 몇 개 해도 될까요? **Would you mind** if we ask you a few questions?

좀 일찍 나가도 괜찮을까요? **Would you mind** if I leave early?

가방을 확인 해봐도 될까요? **Would you mind** letting me check your bag?

A: **Would you mind if** I take a look around here?
내가 여기 좀 둘러봐도 괜찮겠니?
B: Not at all, be my guest. 그럼, 물론이지.

STEP 02

PATTERN 10

내 진의를 전달하려고 할 때

...하려는거야

공식 1

I am (just) trying to+동사

난 (단지) …하려는거야

I was just trying to
- explain.
  난 그저 설명하려는거였어.
- make sure.
  난 단지 확실히 하려는거였어.

공식 2

I will try to+동사

…하도록 할게

I will try to
- forget it. 잊으려고 노력할게.
- call you later. 나중에 전화할게.

공식 3

You have to try to+동사

넌 …하도록 해야 돼

You have to try to
- do it.
  넌 그걸 하도록 노력해야 돼.
- help people.
  넌 사람들을 도우려고 해야 돼.

try는 다음에 주로 「명사」나 「to+동사」가 목적어로 와서 「…을 해보다」, 「시도하다」라는 뜻. 특히 명사가 목적어로 음식이 올 경우에는 「먹어 보다」라는 의미가 되고, 목적어로 '옷'이 올 경우에는 try it on처럼 on을 붙여야 한다.

RESTART

난 그저 널 도와주려는거야. **I am just trying to** help you.

걘 널 기분 좋게 해주려는거였어. **She was just trying to** make you feel better.

이거에 집중하려고 하고 있는거야. **I'm just trying to** focus on this.

A: **I'm just trying to** help you. 도와줄려는 것뿐예요.
B: Oh, you are such a kind person. 오, 친절도 하셔라.

가능한 빨리 돌아오도록 할게. **I'll try to** get back as soon as I can.

나중에 다시 이야기하자. **I'll try to** catch you later.

좀 더 조용히 해볼게. **I'll try to** be more quiet.

A: Stop that noise. You're bothering me. 시끄러운 소리 좀 그만 내. 신경 쓰여.
B: **I'll try to be** more quiet. 좀 더 조용히 해볼게.

넌 최선을 다하도록 노력해야 돼. **You have to try to** do your best.

가난한 사람들을 돕도록 해라. **You have to try to** help the poor.

다른 사람들하고 사교를 해보도록 해. **You have to try to** be social with others.

A: I feel like I want to go to sleep. 자고 싶은데.
B: **You have to try to** stay up and study. 자지말고 공부하도록 해야 돼.

PATTERN 11

뭔가 확실히 확인해볼 때

...를 확인해볼게

공식 1

Let me check+명사(if 주어+동사)

…인지 확인해볼게

Let me check
- my schedule.
  내 일정을 확인해볼게.
- if I got this straight.
  내가 제대로 이해했는지 확인해볼게요.

공식 2

Let me make sure 주어+동사

…을 확인해볼게

Let me make sure
- it's raining.
  비가 오는지 확인해볼게.
- I don't have any schedule.
  아무 일정이 없는지 확인해볼게.

공식 3

Please make sure 주어+동사

네가 …를 확실히 해

Please make sure
- she comes.
  걔가 꼭 오도록 해.
- you get up early.
  반드시 일찍 일어나도록 해.

내가 나서서 확인해본다는 것으로 단순한 대상을 확인할 때는 Let me check+명사 혹은 I'll check+명사를, …인지 아닌지 사실 여부를 확인할 때는 Let me see if~~ 혹은 I'll see if~ 형태를 사용한다.

RESTART

혈압 좀 재볼게요. **Let me check** your blood pressure.

다른 리스트 확인해볼게. **Let me check** the other list.

체온 재볼게요. **Let me check** your temperature.

A: Do you know when the next flight leaves? 다음 비행기는 언제죠?
B: Just a moment. **Let me check.** 잠깐만요. 확인해볼게요.

내 말을 이해했는지 확인해보자. **Let me make sure** you understand my point.

그게 완전히 안전한지 확인해볼게. **Let me make sure** it is perfectly safe.

A: I'm leaving my wife. 아내와 헤어져.
B: **Let me make sure** I understand. You don't love her?
확인해볼게. 아내를 사랑하지 않는거야?

내일 정시에 꼭 도착하도록 해. **Please make sure** you arrive on time tomorrow.

다시는 잃지 않도록 다짐합시다. **Please make sure** we don't lose it again.

A: **Please make sure** you don't let her down. 그 여자를 실망시키지 않도록 해.
B: Don't worry. I won't. 걱정마. 안 그럴 테니.

STEP 02

PATTERN 12

뭔가 해야 할 일을 말할 때

...할 필요가 있어

공식 1

I need+명사 난 ...가 필요해

I need a girlfriend. 난 여친이 필요해.

I need your help. 네 도움이 필요해.

공식 2

I need to+동사 난 ...할 필요가 있어

I need to get some sleep. 좀 자야겠어.

I need to stay another day. 하루 더 머물러야 돼.

공식 3

You don't need to+동사 넌 ...할 필요가 없어

You don't need to know. 알 필요 없어.

You don't need to talk about it. 그것에 대해 말할 필요 없어.

뭔가 필요하거나 해야한다고 말할 때는 동사 need를 활용한다. 그래서 「내가 (…하는 것이) 필요하다」라고 하려면 I need+명사[to do]라고 쓰면 되는데 이는 내가 처한 사정상 「…가 꼭 필요하다」고 말하는 것.

RESTART

결정할 시간이 더 필요해. **I need** more time to decide.

좀 쉬어야겠어. **I need** some rest.

돈이 더 필요해. **I need** more money.

A: **I need** more money to invest. 투자할 돈이 더 필요해.
B: Oh! How much? 그래! 얼마나!

휴대폰을 빌릴 필요가 있어. **I need to** borrow a cellular phone.

시험을 볼 필요가 있어. **I need to** take a test.

사무실로 돌아가야 돼. **I need to** get back to the office.

A: Hey, **I need to** talk to you. 저기, 얘기 좀 하자.
B: What's the matter? 무슨 일인데?

그거 걱정할 필요 없어. **You don't need to** worry about that.

받아 적을 필요는 없어. **You don't need to** jot it down.

더 연습하지 않아도 돼. **You don't need to** practice more.

A: Please tell me what happened. 무슨 일인지 말해봐.
B: **You don't need to** know. 알 필요 없어.

STEP 02

PATTERN 13

상대방에게 뭐가 필요한지 물어볼 때

...가 필요하니?

공식 1

Do you need+명사? 너 …가 필요하니?

Do you need
- a ride? 태워 줄까?
- more time? 시간 더 필요해?

공식 2

Do you need to+동사? 너 …해야 하니?

Do you need to
- rest? 쉬어야 돼?
- do that? 그거 해야 돼?

공식 3

Do you need me to+동사? 내가 …해줄까?

Do you need me to
- pick you up? 픽업해줄까?
- go with you? 함께 가줄까?

Do you need+명사~?하면 「…가 필요하냐?」, Do you need to+동사~?하게 되면 상대방이 「…을 꼭 해야 하냐?」고 물어보는 표현이 된다. 조금 변형하여 Do you need me to+동사?하면 「내가 …해줄까?」라는 의미.

RESTART

뭐 다른 거 필요해? **Do you need** anything else?

도움이 좀 필요하니? **Do you need** some help?

하루 쉬어야 돼? **Do you need** a day off?

A: I'm sorry to trouble you, but could you hold the door?
미안하지만, 문 좀 잡아주실래요?
B: Sure, **do you need** a hand? 그럼요, 도와드릴까요?

너 영어실력을 향상시켜야 하니? **Do you need to** improve your English?

의사에게 가봐야 하니? **Do you need to** see a doctor?

신분증 확인해야 되나요? **Do you need to** see my identification?

A: **Do you need to** get up early tomorrow morning?
내일 아침 일찍 일어나야 돼?
B: Yeah. Please set the alarm for 6 a.m. 어, 6시로 알람 좀 해줘.

네 집에 갈까? **Do you need me to** come to your house?

너를 위해 기도를 해줄까? **Do you need me to** pray for you?

충고를 좀 해줄까? **Do you need me to** give you some advice?

A: **Do you need me to** stay longer? 내가 좀 더 있어야 하나요?
B: No, we're all finished. You can go. 아뇨, 우리 일은 다 끝났어요. 가도 좋아요.

STEP 02 PATTERN 14

내가 하고 싶은 것을 말할 때

...하길 바래

공식 1

I hope to+동사 난 …하기를 바래

I hope to see you again. 널 다시 보길 바래.
I hope to get the ticket. 표를 구하길 바래.

공식 2

I hope 주어+동사 난 …하기를 바래

I hope you will enjoy the game. 네가 경기를 즐기길 바래.
I hope you will come again. 네가 다시 오길 바래.

공식 3

We hope 주어+동사 우린 …를 바래

We hope she will join the club. 걔가 클럽에 가입하길 바래.
We hope you'll be able to join us. 네가 올 수 있기를 바래.

I hope to+동사/ 주어+동사의 형태로 「…하기를 바래」라는 뜻이다. wish가 동의어이기는 하지만 I wish to+동사는 formal한 경우에만 쓰이고 I wish 주어+동사는 현재사실과 반대되는 경우에 사용된다는 점이 다르다. hope와 같은 뜻으로 쓰이는 wish는 I wish you good luck 형태뿐.

RESTART

내 식당을 오픈하고 싶어. **I hope to** open my own restaurant.

유학 갈 기회를 갖고 싶어. **I hope to** get a chance to study abroad.

다음 K 리그 경기 표를 구하고 싶어. **I hope to** get tickets to the next K-league game.

A: Thank you for inviting me. I really enjoyed it.
초대해줘 고마워. 정말 즐거웠어.

B: Glad to hear that. **I hope to** see you again. 그렇게 말해줘 고마워. 다시 보길 바래.

네가 그걸 좋아하길 바래. **I hope** you will like it.

우리가 이기기를 바래. **I hope** we will win.

비가 오지 않기를 바래. **I hope** it doesn't rain.

A: Thank you for the gift you sent on my birthday.
내 생일에 보내준 선물 고마워.

B: Oh, it was my pleasure. **I hope** you like it.
뭘 그런 걸 갖고. 네 맘에 들었으면 좋겠다.

즐거운 관람이 되기를 바랍니다. **We hope** you enjoy the show.

여러분들을 다시 모시기를 바랍니다. **We hope** we will serve you again.

걔들이 우리 파티에 참석하기 바래. **We hope** they will attend our party.

A: **We hope** you'll be able to join us. 네가 올 수 있으면 좋겠는데.

B: I hope so too. It sounds like fun! 나도 가고 싶어. 재미있겠어!

STEP 02

PATTERN 15

과거의 습관을 말할 때

난 ...하곤 했어

공식 1

I used to+동사 (규칙적으로) …하곤 했어

I used to
- jog every day. 매일 운동하곤 했어.
- go to church. 교회에 가곤 했어.

공식 2

I would+동사 (불규칙적으로) …하곤 했어

I would
- play the violin when I was young.
  어렸을 때 간혹 바이올린을 켰어.
- talk to everyone that I met.
  만나는 사람 누구에게나 말을 하곤 했어.

공식 3

There used to+be 동사 (과거에) …가 있었어

There used to be
- a big tree in the park.
  예전엔 공원에 큰 나무가 있었는데.
- an old house standing here
  예전엔 여기에 고옥이 있었어.

I used to~ 하게 되면 (과거에) 「…하곤 했었다」, 혹은 used to 다음에 be 동사가 오면 (과거에) 「…이었다」, 「…있었다」라는 상태를 뜻한다. 과거사실을 언급하는 것으로 현재는 그렇지 않다는 것을 암시하고 있다는 점에 유의한다.

RESTART

침대를 지리곤 했었지. **I used to** wet my bed.

난 패스트푸드를 먹곤 했었어. **I used to** eat fast food.

우린 항상 함께 놀았었지. **We used to** play together all the time.

A: Do I know you? 절 아세요?
B: **You used to** be my baby-sitter. 제 애기 봐줬잖아요.

난 지하철을 타면서 음악을 들었어. **I would** listen to music when I rode the subway.

미국에 있었을 때 골프를 쳤었어. **I would** play golf when I was in the US.

난 그 회사에서 열심히 일을 했었어. **I would** work very hard at that company.

A: Did you have any hobbies as a child? 어렸을 때 어떤 취미를 가졌었니?
B: **I would** play the violin when I was young. 어렸을 때 간혹 바이올린을 켰어.

내 동네에 공원이 있었어. **There used to be** a park in my neighborhood.

우리 집에 오던 고양이가 있었는데. **There used to be** a cat that came to our house.

근처에 백화점이 있었는데. **There used to be** a department store nearby.

A: **There used to be** a big tree in the park where I played.
내가 놀던 공원에 큰 나무가 있었는데.
B: I know. I think they cut it down. 알지. 아마도 사람들이 베어 버렸나봐.

STEP 02

PATTERN 16

내 생각이라고 하고 부드럽게 말할 때

(내 생각엔) ...인 것 같아

공식 1

I think 주어+동사 …인 것 같아

I think
- you are right. 네가 맞는 것 같아.
- you'll like it. 네가 좋아할 것 같아.

공식 2

I guess 주어+동사 …인 것 같아

I guess
- we should go. 우리 가야 될 것 같아.
- we don't have a choice. 우리에게 기회가 없는 것 같아.

공식 3

I think so 그렇게 생각해

I
- think so too. 나 역시 그렇게 생각해.
- guess so. 나도 그렇게 생각해.

자신 없는 이야기를 하거나 혹은 자기의 생각을 부드럽게 말할 때 사용한다. I think로 말할 내용을 둘러싸는 것으로 예를 들어 다짜고짜 She's lying이라고 하기 보다는 I think she's lying이라고 하면 "쟤 거짓말하는 것 같아"라는 의미가 되어 자신의 생각을 훨씬 부드럽게 전달할 수 있게 된다.

RESTART

이상한 것 같아. **I think** it's weird.

할 수 있을 것 같아. **I think** I can do that.

너무 비싼 것 같은데요. **I think** it's too expensive.

A: **I think** we have a bad connection. 연결 상태가 안 좋은 것 같아요.
B: Maybe I should call you back. 다시 전화 드려야겠네요.

지금 좀 나아진 것 같아. **I guess** it's a little better now.

저녁식사 때 봐요. **I guess** I'll see you at dinner.

한번 해 볼직도 한데. **I guess** it's worth a try.

A: I can't believe you got a hole in one! 어떻게 홀인원을 쳐냈냐!
B: **I guess** it's just beginner's luck. 그냥 처음 하는 사람에게 따르는 운일 뿐이야.

아마 그럴거예요. **I guess so.**

아마 아닌 것 같아. **I guess not.**

그럴거로 추정해. **I suppose so.**

A: You should have a girlfriend. 여자 친구를 사귀어봐.
B: **I think so.** 그래요.

STEP 02 PATTERN 17

부정하거나 반대의견을 부드럽게 표현할 때

(내 생각엔) ...가 아닌 것 같아

공식 1

I don't think 주어+동사 …가 아닌 것 같아

I don't think
- I can do this.
  내가 그걸 할 수 없을 것 같아.
- that's a good idea.
  좋은 생각 같지 않아.

공식 2

Do you think 주어+동사? …인 것 같아?

Do you think
- it's too expensive?
  너무 비싸다고 생각해?
- I am responsible?
  내가 책임이 있다고 생각해?

공식 3

Don't you think 주어+동사? …한 것 같지 않아?

Don't you think
- it's too early?
  좀 이르다고 생각되지 않니?
- it's too late?
  좀 늦었다고 생각되지 않니?

I don't think~ 역시 자기가 말하려는 부정적 내용을 부드럽게 해준다. 영어는 I think 다음의 절을 부정으로 하기 보다는 I think 부분을 부정으로하는 것을 더 선호한다. 다시 말하면 I think it's not a good idea라고 하지 않고 부드럽게 I don't think it's a good idea라 한다.

RESTART

그럴 리는 없겠지. **I don't think** it is going to happen.

내일 비가 올 것 같지 않아. **I don't think** it'll rain tomorrow.

너 없이 살 수 없을 것 같아. **I don't think** I can live without you.

A: **I don't think** that I have the time to finish it.
그 일을 끝낼 시간이 없는 것 같아.

B: Come on, you have the time. Go for it!
왜 그래, 시간은 얼마든지 있다고. 자, 파이팅!

그걸 할 기회가 있을 것 같아? **Do you think** there's a chance to do it?

네가 날 위해 그걸 할 수 있을 것 같아? **Do you think** you can do that for me?

우리가 거기 가야 된다고 생각해? **Do you think** we should go there?

A: **Do you think** he understands? 그가 이해한다고 생각하니?

B: I'm not sure if he's getting the picture. 그가 이해하고 있는지 잘 모르겠어.

좀 이기적인 것 같지 않니? **Don't you think** it's kind of selfish?

너무 지나치다고 생각하지 않아? **Don't you think** this is a little extreme?

집에 갈 시간이라고 생각하지 않니? **Don't you think** it's time you went home?

A: I haven't taken a vacation for 3 years. 3년 전에 보낸 휴가가 마지막이었지.

B: **Don't you think** it's about time you took one?
휴가 한 번 갈 때 됐다고 생각 안 해?

STEP 02 PATTERN 18

상대적으로 더 좋아하는 것을 말할 때

...하는 게 더 좋아

공식 1

I prefer+명사 …를 더 좋아해

I prefer
- draft beer. 생맥주가 더 좋아.
- non-smoking room. 비흡연방을 선호해.

공식 2

I prefer A to B B 보다 A를 더 좋아해

I prefer
- New York to other cities. 뉴욕이 다른 도시보다 더 좋아.
- sports to news channel. 뉴스 채널보다 스포츠 채널이 더 좋아.

공식 3

I prefer to+동사/ ~ing …하기를 더 좋아해

I prefer to
- be alone. 혼자 있는 것이 더 좋아.
- enjoy free time rather than study. 공부하기보다 노는게 더 좋아.

내가 뭔가 더 좋아한다고 말할 땐 prefer. 이 동사의 용법으로는 prefer A (to B) 형태로 「A를 (B보다) 더 좋아하다」, 혹은 prefer to+동사 (rather than+동사) 형태로 「(…하기보다) …하는 것을 더 좋아하다」라는 의미로 주로 쓰인다.

RESTART

난 이태리 식당을 더 좋아해. **I prefer** Italian restaurant.

난 타운하우스를 선호해. **I prefer** townhouses.

사람들이 고급차를 선호해. **People prefer** luxurious cars.

A: Smoking or non-smoking? 흡연석으로 드릴까요, 비흡연석으로 드릴까요?
B: **I would prefer** non-smoking. 비흡연석으로 주세요.

난 소주보다 와인을 더 선호해. **I prefer** wine to soju.

아파트보다 단독주택을 더 좋아해. **I prefer** single houses to apartments.

실외운동보다는 실내운동을 좋아해. **I prefer** indoor sports to outdoor sports.

A: I think **I prefer** New York **to** other cities in America.
미국에서 뉴욕이 다른 도시들보다 더 좋아.
B: Really? Is there some special reason for that?
그래? 뭐 특별한 이유라도 있어?

집에 있는 것보다 여행을 더 좋아해. **I prefer** travelling rather than staying home.

액션 영화 보는게 더 좋아. I prefer to see action movies.

그 대답은 바로 하지 않을래. I prefer not to answer that right now.

A: Why are you always here in the library? 왜 항상 도서관에서 사니?
B: **I prefer** studying rather than going out. 외출하는 것보다 공부하는 게 더 좋아서.

STEP 02

PATTERN 19

즐거운 시간을 보내고 나서

…가 즐거웠어, 즐겼어

공식 1

I enjoy+명사 …를 즐겨

I enjoyed the food. 그 음식 즐겼어.

I enjoyed the party. 파티 즐거웠어.

공식 2

I enjoy ~ing …하는 게 즐거워

I enjoyed talking with you. 너랑 얘기해서 즐거웠어.

I enjoyed being with you. 너랑 있어서 즐거웠어.

공식 3

I enjoy myself+부사구 …즐겼어

I enjoyed myself at the beach. 해변에서 즐거웠어.

I enjoyed myself very much. 무척 즐거웠어.

enjoy는 목적어로 명사나 동명사(~ing) 형태로 즐긴 것이나 즐긴 행위를 말한다. 특히 enjoy 다음에는 ~ing 혹은 명사가 온다. Enjoy+명사[oneself]로도 쓰이는데 Enjoy your meal(식사 맛있게 해!), Enjoy yourself(즐겁게 지내) 등을 기억해 둔다.

RESTART

저녁 즐겁게 먹었어. **I enjoyed** the dinner.

네가 즐겨 할거야. I think you'll **enjoy** it.

네가 파티를 즐기기를 바래. I hope you'll **enjoy** the party.

A: Everyone seems to be **enjoying** your dish. 모두들 네 음식을 맛있게 먹는 것 같아.
B: Thank you for saying that. 그렇게 말해줘서 고마워.

뉴욕에서 쇼핑을 즐길거야. **I'm going to enjoy** shopping in New York.

난 혼자 산책하는 것을 무척 즐겨. **I enjoy** a lot taking a walk alone.

오늘 둘러보는거 좋았어? Did you **enjoy** walking around today?

A: Did you **enjoy** walking around today? 오늘 둘러보는거 좋았어?
B: Yes, but I'd like a guide tomorrow. 어, 하지만 내일은 가이드가 필요해.

오늘 즐거운 시간을 보내면 좋겠네요. I hope **you enjoy yourself** today.

즐겁게 지내도록 해봐. Just try to **enjoy yourself.**

최대로 즐겨! **Enjoy yourself** to the full!

A: Your parties are always a lot of fun. 네 파티는 항상 정말 재미가 있어.
B: It's good to hear that. **Enjoy yourself.** 그렇게 말해줘서 고마워. 즐겁게 보내.

STEP 02

PATTERN 20

상대방에게 허락을 할 때

…해도 괜찮아

공식 1

It is okay to+동사 …해도 돼

It is okay for you to
- go out. 너 외출해도 돼.
- ask a question. 질문해도 돼.

공식 2

It is okay if 주어+동사 …해도 괜찮아

It is okay if
- you leave school early. 너 조퇴해도 괜찮아.
- you leave work early. 너 일찍 퇴근해도 괜찮아.

공식 3

Is it okay[all right] to+동사(if 절)? …해도 돼?

Is it all right if
- I ask one more question? 하나 더 물어봐도 돼?
- I stay here one more night? 하룻밤 더 여기 묵어도 돼?

It is okay (+for 사람)+ to do~하게 되면 「…하는 것이 괜찮다」, 반대로 상대방의 허락을 받기 위해 「…해도 돼?」, 「…해도 괜찮아?」라고 하려면 Is it okay to+동사 [if 주어+동사]~로 쓰면 된다. okay 대신에 all right을 써도 된다.

RESTART

늦게 집에 전화해도 돼. **It is okay for you to** call me late at home.

먹기 시작해도 돼. **It's okay to** start eating.

라디오를 꺼도 돼. **It's all right to** turn off the radio.

A: I'm worried about giving her a gift. 걔한테 선물할게 걱정돼.
B: **It's okay to** give her something simple. 간단한 것을 주면 괜찮을거야.

내 집에 와도 괜찮아. **It is okay if** you come to my house.

여기에 주차해도 돼? **Is it OK if** I park here?

사과주스 마저 다 마셔도 될까? **Is it okay** if I finish the apple juice?

A: **Is it okay if** I phone after lunch? 점심시간 후에 전화해도 되니?
B: No problem. I'll talk to you then. 상관없어. 그럼 그때 얘기하자.

네게 이거 이야기해도 돼? **Is it all right to** talk to you about this?

이 물건 여기에 놔둬도 돼? **Is it is all right if** I leave this stuff here.

책 좀 빌려가도 괜찮아? **Is it all right if** I borrow your book.

A: Can I bring a friend to your house? 친구를 네 집에 데려가도 돼?
B: Sure, **it's all right if** you do that. 그럼. 그래도 괜찮아.

STEP 02 PATTERN 21

상대방의 의견을 존중해주면서 말할 때

괜찮다면 ...해라

공식 1

If it is okay with+사람, …에게 괜찮다면,

If it's okay with you,
- I'll come to your place. 괜찮다면 네가 있는 곳으로 갈게.
- I'll come over at nine o'clock. 괜찮다면 9시에 갈게.

공식 2

If you don't mind, 괜찮다면,

If you don't mind,
- I will be out for lunch. 괜찮다면 점심 먹으러 나갈게.
- I could stay up late. 괜찮다면 늦게까지 안자고 있을 수 있어.

공식 3

If you want[like], 원한다면,

- If you want, you can go home. 원한다면 집에 가도 돼.
- I can meet you there if you want. 원한다면 거기서 널 만날 수 있어.

상대방에게 뭔가 제안하거나 부탁할 때 목적달성을 위해 도움이 될 만한 문장들이 있다. 단독적으로 쓰이기보다는 부탁 문장의 앞뒤에서 사용하면 되는 것으로 if it is okay (with you), if you don't mind, 그리고 if you want[like] 등이 있다.

RESTART

괜찮다면 우리 계획을 바꾸고 싶어. **If it's OK with you,** I want to change the plan.

괜찮다면 내일 쉬었으면 해. **If it's OK with you,** I'll take tomorrow off.

괜찮다면 11시 반에 오겠습니다. I'll come at eleven thirty **if that's okay.**

A: **If it's okay with you,** I'll take tomorrow off. 괜찮으면 내일 쉬고 싶은데요.
B: Let me check the schedule. 일정 좀 보고.

괜찮다면 저녁에 초대하고 싶어. **If you don't mind,** I wanna invite you to dinner.

괜찮다면 아직 할 일이 많아. **If you don't mind,** I have a lot of work to do.

괜찮다면 음식 좀 가져올게. **If you don't mind,** I'm going to get some food.

A: Would you like to stay longer? 좀 더 체류하길 원해요?
B: **If you don't mind,** I'm ready to leave. 괜찮다면 떠날 준비가 되어 있어.

원한다면 여기서 담배를 피워도 돼. **If you want,** you can smoke here.

원한다면 공부도 도와줄 수 있어. I could even help you study **if you want.**

A: I can meet you there **if you want.** 좋으시다면 제가 거기로 가서 뵐 수 있어요.
B: That would be more convenient for me. 저한테는 그게 더 편할 것 같네요.

PATTERN 22

어떤 일을 하는 것이 어렵거나 쉽다고 말할 때

...하는 것이 어려워

공식 1

It is hard to+동사

…하기가 어려워

It's hard to
- decide. 결정하기 어려워.
- explain. 설명하기 어려워.

공식 2

It is easy to+동사

…하기가 쉬워

It is easy to
- get nervous. 초조해지기 쉬워.
- waste money. 돈을 낭비하기가 쉬워.

공식 3

It is hard to believe 주어+동사

…가 믿기지 않아

It's hard to believe
- it happened here. 여기서 그 일이 생겼다는 게 믿기지 않아.
- that was five years ago. 5년전 일이라는 게 믿기지 않아.

It is+형용사+(for 사람)+ to do 형태 중 가장 많이 쓰이는 것 중 하나. It is hard(difficult) to do~ 나 It is (not) easy to do 형태로 어떤 일이 하기 쉽다거나 아님 어렵다거나 말할 때 많이 애용되는 표현.

RESTART

영어 공부하는 것이 어려워. **It is hard to** study English.

잊어버리기 힘드네! **It is hard to** forget!

(확실히) 뭐라 말하기가 힘드네요. **It is hard to** say (for sure).

A: **English is hard to** learn but easy to forget.
영어는 배우기는 어려운데 잊기는 쉬워.
B: You can say that again! 누가 아니래!

이름들을 잊어버리기 쉬워. **It is easy to** forget names.

데이트 날 떨리기 십상이지. **It's easy to** get nervous on dates.

자기 분수이상으로 소비하는 건 쉬워. **It's easy to** spend more than you have.

A: **It's not easy** for college graduates **to** find a job in Korea.
한국에선 대학 졸업생들이 직장을 잡기가 어려워.
B: Yes, it's true. 정말 그래!

날씨가 그렇게 덥다니 믿기지 않아. **It's hard to believe** the weather is so hot.

걔가 가버렸다는 게 믿겨지지 않아. **It's hard to believe** he's gone.

A: **It's hard to believe** Jason left. 제이슨이 떠났다는게 믿기지 않아.
B: I wish that he was still here. 걔가 여기 있었으면 좋을 텐데.

PATTERN 23

가능성이 있거나 없다고 말할 때

...할 가능성이 있어

공식 1

It is possible to+동사/주어+동사 …할 수 있어

It's possible to
- go outside for lunch.
  점심먹으러 나갈 수 있어.
- I will come back.
  내가 돌아올 수 있어.

공식 2

It is impossible to+동사/주어+동사

…하는 건 불가능해

It's impossible to
- find her apartment.
  걔 아파트를 찾는 건 불가능해.
- find the solution.
  해결책을 찾을 수가 없어.

공식 3

Is it possible to+동사(주어+동사)?

…하는게 가능할까?

Is it possible to
- go on a vacation?
  휴가를 갈 수 있을까?
- avoid the disaster?
  재앙을 피할 수 있을까?

이번에는 어떤 가능성을 물어보는 표현으로 「…할 가능성이 있느냐」는 의미로 Is it possible to+동사/(that) 주어+동사~?, 반대로 가능할 수도 있다고 말하려면 It is possible to+동사 /(that) 주어+동사~라 하면 된다. 물론 반대로 불가능하다고 말하려면 possible 대신에 impossible을 사용하면 된다.

RESTART

할인을 받을 수 있어. **It's possible to get a discount.**

내가 거기 갈 수 있어. **It's possible for me to go there.**

걔들을 여기서 만날 수 있어. **It's possible to meet them here.**

A: I'm really tired of working. 일하는데 정말 지쳤어.
B: Okay. It's possible for you to go home early. 알았어. 일찍 퇴근해.

어떻게 돌아가는지 알 수가 없어. **It's impossible to know what is going on.**

선생님 말을 이해하기가 불가능해. **It's impossible to follow the teacher.**

그 강을 건너가기가 불가능해. **It's impossible to cross the river.**

A: It's impossible to find her office. 걔 사무실 찾을 수 없을 것 같아.
B: Why don't we check this area again? 이 지역을 다시 한 번 둘러보자.

내가 암일 수도 있나요? **Is it possible that I have cancer?**

걔가 네 소리를 못 들었을 수도 있어? **Is it possible he didn't hear you?**

첫눈에 반했다는 걸 믿을 수 있니? **Is it possible to believe in love at first sight?**

A: Is it possible to write a book? 책을 쓸 수가 있나요?
B: I think it would take a long time to complete.
완성하는데 시간이 오래 걸릴거야.

STEP 02

PATTERN
24

어떤 상태로 되고 있다고 말할 때

...해지고 있어

공식 1

I get+형용사 난 …해져

I got angry. 화가 나.

I got lucky. 운이 좋았어.

공식 2

We get+pp 우린 …해져

We got married. 우린 결혼했어.

I got fired. 나 잘렸어.

공식 3

It is getting+비교급 형용사 점점 …해져

It's getting worse. 점점 나빠지고 있어.

It's getting better. 점점 나아지고 있어.

get이 be[become]자리를 대신하는 경우로 get+형용사하면 「…해지다」, 「…하게 되다」라는 의미가 된다. 특히 get+pp의 경우는 be+pp가 변화된 상태를 정적으로(be married) 말하는 반면 get은 변화하는 과정을 동적으로(get married) 표현하는 것이다.

RESTART

내게 화내지마! **Don't get angry with me!**

화내지마! **Don't get upset!**

크리스마스 준비하자. **Let's get ready for Christmas.**

A: How did you find such a beautiful girlfriend?
어떻게 그런 예쁜 애인을 찾았어

B: **I got** lucky. 운이 좋았어.

우린 결혼할거야. **We're going to get married.**

걘 경찰에게 붙잡혔어. **He got caught by the police.**

컴퓨터 게임에 질렸어. **I got bored with computer games.**

A: You want to **get** married? 결혼하고 싶어?

B: Someday. 언젠가는.

사정이 점점 좋아지고 있어. **Things are getting better.**

난 점점 나이를 먹고 있어. **I'm getting old.**

난 점차 현명해지고 있어. **I'm getting wise.**

A: The rash on my skin keeps **getting** worse.
피부에 뾰드락지가 점점 심해지고 있어.

B: Hurry and go to see a doctor. 어서 병원에 가봐.

STEP 02 PATTERN 25

기분이나 감정이 어떤지 말할 때

기분이 ...해

공식 1

I feel+형용사 난 …해

I feel tired. 피곤해.

I feel better. 기분이 나아졌어.

공식 2

I don't feel+형용사 내 기분이 …하지 않아

I don't feel good today. 오늘 기분이 안 좋아.

I don't feel healthy these days. 요즘 건강이 좋지 않아.

공식 3

Do you feel+형용사? 기분이 …해?

Do you feel well? 기분이 좋아?

Do you feel sick? 아픈 것 같아?

나의 현재 「몸상태」나 「감정상태」가 어떠한 지를 말할 때는 I feel 다음에 형용사를 붙여서 표현하면 된다. 반면 상대방의 기분이나 상태를 물어볼 때는 Do you feel+형용사?라고 한다.

RESTART

배가 고파. 우리 뭐 좀 먹자. **I feel** hungry. Let's eat.

기분이 안 좋아. **I feel** bad.

네게 미안해. **I feel** sorry for you.

A: **I feel** really sick today. 오늘 무척 아파요.
B: What are your symptoms? 증상이 어떤데요?

요즘 몸이 안 좋아. **I don't feel** well these days.

걔가 편안하게 느껴지지 않아. **I don't feel** comfortable with her.

저녁 식사 후 배부르게 느껴지지 않아. **I don't feel** full after dinner.

A: How are you doing Jodie? 조디, 어떻게 지내니?
B: **I don't feel** good today. I want to go home.
오늘 기분이 좋지 않아. 집에 가고 싶어.

기분이 좀 나아졌어? **Do you feel** better?

그것에 대해 유감이니? **Do you feel** sorry for that?

그것에 대해 죄책감을 느끼니? **Do you feel** guilty about that?

A: **Do you feel** comfortable with foreigners? 외국인들과 같이 있어도 편하니?
B: No. I feel nervous. 아니. 떨려.

STEP 02

PATTERN 26

내가 느끼는 것을 이야기 할 때

...같은 느낌이야

공식 1

I feel like+명사(주어+동사) ...한 것 같아

I feel like
- I've been here before.
  전에 여기 와본 것 같아.
- I'm never going to find him.
  절대로 걔를 못 찾을 것 같아.

공식 2

I don't feel like 주어+동사 ...한 느낌이 안 들어

I don't feel like
- he is happy.
  걔가 행복하다는 느낌은 안 들어.
- I'm learning anything.
  난 뭔가 배우고 있다는 느낌이 전혀 없어.

공식 3

You make me feel like+명사

넌 날 ...처럼 느끼게 해

You made me feel like
- an idiot.
  너 때문에 바보가 된 기분이야.
- a good man.
  너 때문에 내가 좋은 사람이 된 것 같아.

내 느낌상 「…한 것 같아」라고 표현하는 것으로 I feel like~를 활용한다. 다소 주관적인 표현으로 「내 느낌상 …한 것 같다」라는 뜻으로 feel like 다음에는 명사 혹은 주어+명사의 절이 와서 「…같은 느낌이야」라는 의미로 쓰인다.

RESTART

난 아주 멍청한 놈인 것 같아. **I feel like** such a loser.

내가 강해지고 있는 것 같아. **I feel like** I am getting strong.

내가 꿈을 꾸고 있는 것 같아. **I feel like** I am dreaming.

A: **I feel like** such a loser. I have no friends. 난 한심한 것 같아. 친구가 없어

B: That's not true. I'm your friend. 그건 사실이 아냐. 내가 네 친구잖아.

아무 것도 배우는 것 같지 않아. **I don't feel like** I'm learning anything.

숙제가 끝난 것 같지 않아. **I don't feel like** the homework is finished.

A: I just **don't feel like** we're breaking up. 우리가 헤어지는 것 같지 않아.

B: No, we are. I'm sad. 아냐 우린 헤어지는거야. 난 슬퍼.

너 나를 바보로 만드는구나. **You make me feel like** a loser.

넌 내게 돈이 중요하다고 느끼게 해줬어. **You made me feel like** money was important.

A: **You made me feel like** a queen today.
오늘 넌 내가 마치 여왕이 된 것처럼 느끼게 해.

B: I wanted to show that I love you. 널 사랑하는 걸 보여주고 싶었어.

STEP 02

PATTERN 27

비슷한 느낌이 들었을 때

...하는 것 같아

공식 1

It's like+명사(~ing) …[하는 것] 같아

It's like
- a first date. 첫 데이트 같아.
- me feeling happy with you. 내가 너한테 만족하는 것 같아.

공식 2

It's like 주어+동사 …하는 것 같아

It's like
- it's raining. 비가 오는 것 같아.
- he hates me. 걔가 날 싫어하나 봐.

공식 3

It's not like+명사(~ing/주어+동사) …하는 것 같지 않아

It's not like
- a secret. 그건 비밀 같은 게 아냐.
- it's snowing outside. 밖에 눈이 오는 것 같지 않아.

네이티브들이 즐겨 사용하는 표현법으로 It's like~ 라는 문장형태가 있다. 여기서 like는 「…와 같은」이라는 의미로 It's like~ 하게 되면 「…와 같은 거네」, 「…하는 것 같아」 등의 뜻이 된다. It's like 다음에는 명사, ~ing, 절 등이 다양하게 올 수 있다.

RESTART

일이 점점 더 어려워지는 것 같아. **It's like** work becoming more difficult.

쓰나미 같아. **It's like** tsunami.

태어날 때의 나와 같아! **It's like** me when I was born!

A: How hot is it outside? 밖이 얼마나 덥니?
B: **It's like** being in a sauna. 사우나에 들어가 있는 것 같아.

넌 날 믿지 않는 것 같아. **It's like** you don't believe me.

뭔가 바뀐 것 같아. **It's like** something's changed.

우리가 마치 사막에서 사는 것 같아! **It's like** we live in a desert!

A: **It's like** it's raining outside. 밖에 비가 오는 것 같아.
B: I don't want to go for a walk in the rain. 비 맞으며 산책하고 싶지 않아.

클럽에서 춤추는 것 같지 않아. **It's not like** dancing at a club.

네 엄마를 화나게 한 것 같지 않아. **It's not like** making your mom angry.

과거에 우리가 알던 것과는 다른 것 같아. **It's not like** anything we knew in the past.

A: I heard you don't like watching boxing. 너 권투경기 관람을 싫어한다고 들었어.
B: Right. **It's not like** a team playing baseball.
그래. 팀플레이를 하는 야구와는 다르잖아.

STEP 02 PATTERN 28

무척 뭔가 하고 싶다고 할 때

...를 몹시 하고 싶어

공식 1

I can't wait for+명사 …을 몹시 하고 싶어

I can't wait for
- Christmas.
  크리스마스가 빨리 왔으면 좋겠어.
- the long weekend.
  긴 주말이 빨리 왔으면 좋겠어.

공식 2

I can't wait to+동사 …를 몹시 하고 싶어

I can't wait to
- tell you this.
  네게 이걸 빨리 말하고 싶어.
- be with you!
  너랑 빨리 함께 있고 싶어!

공식 3

I am dying to+동사 …를 하고 싶어 견딜 수 없어

I am dying to
- go there.
  거기 가고 싶어 견딜 수가 없어.
- go travelling again.
  다시 여행 가고 싶어서 견딜 수가 없어.

몹시 뭔가를 하고 싶을 때, 안달이 나 있을 때 사용할 수 있는 표현으로 I can't wait to+동사[for+명사]를 사용한다. be eager to+동사, be dying to+동사와 같은 뜻이다. I can't wait A to+동사 하면 「A가 to~ 하기를 바란다」는 뜻이 된다.

RESTART

내 휴가가 빨리 왔으면 좋겠어. **I can't wait for** my vacation.

봄이 빨리 왔으면 좋겠어. **I can't wait for** spring.

연주회가 빨리 다가오면 좋겠어. **I can't wait for** the concert.

A: **I can't wait for** the school holiday. 방학이 빨리 왔으면 좋겠어.
B: What will you do with your free time? 남는시간에 뭘 하려고 하는데?

널 몹시 만나고 싶어. **I can't wait to** meet you.

네가 걜 빨리 만났으면 좋겠어. **I can't wait for you to** meet her.

어서 뉴욕에 가고 싶어. **I cannot wait to** get to New York.

A: **I can't wait to** see the results of the test. 시험 성적을 알고 싶어 죽겠어.
B: They should be here by Monday. 월요일까지는 알게 될거야.

난 영어를 배우려고 열을 내고 있어. **I am dying to** learn English.

어서 휴가를 갔으면 해. **I'm dying to** have my vacation.

클럽에 가고 싶어 견딜 수가 없었어. **I've been dying to** go to the club.

A: **I'm dying to** go traveling again. 다시 여행을 떠나고 싶어 죽겠어.
B: When was the last time you went somewhere?
여행을 마지막으로 간 게 언제였는데?

STEP 02

PATTERN 29

상대방에게 어떤 정보를 달라고 할 때

...를 알려줘

공식 1

Let me know 의문사+to+동사 …를 알려줘

Let me know how to
- reach you.
  연락할 방법을 알려줘.
- get there.
  거기 가는 방법을 알려줘.

공식 2

Let me know 의문사+주어+동사 …를 알려줘

Just let me know
- if you need help.
  도움이 필요하면 그냥 알려줘.
- where you go.
  네가 어디 가는지 알려줘.

공식 3

Could you let me know+명사(주어+동사)?

…를 알려줄래요?

Could you let me know
- the price?
  가격 좀 알려줄래?
- when it'll happen?
  언제 그 일이 생길지 알려줄래?

내게 뭔가를 알려달라고 상대방에게 부탁할 때 쓰는 표현. Let me know+의문사(what, when, where, if~) 주어+동사의 구문을 사용하면 된다. 주어+동사 대신 의문사 to do~가 올 수도 있다.

RESTART

공부하는 방법 좀 알려줘. **Let me know** how to study.

언제 멈춰야할지 알려줘. **Let me know** when to stop.

그걸 어떻게 고치는지 알려줘. **Let me know** how to fix it.

A: **Let me know** how to reach you. 너한테 어떻게 연락을 해야 하는지 알려줘.
B: My telephone number is on this card. 내 전화번호가 이 명함에 있어.

네 생각이 어떤지 알려줘. **Let me know** what you think.

그게 어떻게 되어 가는지 알려줘. **Let me know** how it goes.

걔가 언제 여기에 도착하는지 알려줘. **Let me know** when she gets here.

A: **Let me know** if you need any help. 어떤 도움이라도 필요하면 말해.
B: Sure. Thanks. 그래. 고마워.

일정을 좀 알려주실래요? **Could you let me know** your schedule?

네 계획을 좀 알려줄래? **Could you let me know** your plan?

요금이 얼마인지 알려주실래요? **Could you let me know** what the rate is?

A: **Could you let me know** the total cost? 총 합계가 얼마죠?
B: I'll bring you the bill. 계산서를 갖다 드리죠.

STEP 02

PATTERN 30

내가 상대방에게 정보를 알려줄 때

…를 알려줄게

공식 1

I will let you know+명사/의문사+to+동사

…를 알려줄게

I'll let you know
- when I find it.
  내가 그걸 찾으면 알려줄게.
- when I'm finished.
  내가 끝마치면 알려줄게.

공식 2

I will let you know if 주어+동사

…를 알려줄게

I'll let you know if
- I need help.
  도움이 필요하면 알려줄게.
- he shows up.
  걔가 나타나면 알려줄게.

공식 3

I wanted to let you know 주어+동사

…를 알려주고 싶었어

I wanted to let you know
- you did okay.
  네가 잘 했다는 걸 알려주고 싶었어.
- it is finished.
  그게 끝났다는 걸 알려주고 싶었어.

이번에는 반대로 내가 아는 정보를 상대방에게 알려주겠다고 하는 말로 I'll let you know 의문사(what, when, if~) 주어+동사 구문. 순서를 바꿔 When[If] 주어+동사, I'll let you know 형태로도 많이 쓰인다.

RESTART

무슨 얘기 들으면 바로 알려줄게. **If we hear anything, I'll let you know right away.**

걔가 집에 오면 바로 알려줄게. **I'll let you know as soon as he gets home.**

A: If we hear anything, **I will let you know** right away.
무슨 얘기 들으면 바로 알려줄게.
B: Okay, I will be waiting for your call. 그래. 네 전화 기다리고 있을게.

뭐 새로운 것이 있으면 알려줄게. **I'll let you know if there's anything new.**

내가 결정을 내리면 알려줄게. **I'll let you know if I make up my mind.**

남자애인지 여자애인지 알려줄게 **I'll let you know if it's a boy or a girl.**

A: **I will let you know if** she's getting better. 걔가 좀 나아지면 알려줄게.
B: I hope she gets better soon. 걔가 빨리 나아지면 좋겠어.

내가 널 얼마나 사랑하는지 알려주고 싶었어. **I wanted to let you know how much I love you.**

샘이 집에 갔다는 것을 알려주고 싶었어. **I wanted to let you know that Sam went home.**

A: **I wanted to let you know** I'm getting divorced.
내가 이혼했다는 것을 알려주고 싶었어.
B: But why? You seemed so happy with your husband.
왜? 남편하고 행복한 것처럼 보였는데.

STEP 02 PATTERN 31

상대방에게 충고나 조언할 때

너 ...하는게 좋을 걸

공식 1

You'd better+동사 넌 …하도록 해

You'd better be careful. 조심해라.
You'd better do it now. 그거 당장 하는게 좋을 걸.

공식 2

I'd(We'd) better+동사 …해야 돼

I'd better get going. 출발해야겠어.
I'd better go home. 집에 가야겠어.

공식 3

You'd better not+동사 넌 …하지 않는 것이 좋겠어

You'd better not go outside. 나가지마.
You'd better not do this. 이걸 하지 않는 것이 좋겠어.

「…하는 게 좋을 것」이라는 뜻으로 충고내지는 경고를 할 때, You'd better+동사 형태로 쓴다. 보통 줄여서 You'd better, I'd better, we'd better로 쓰거나 아예 had를 빼고 I(We, You) better+동사, 혹은 아예 인칭도 빼고 「Better+동사」형태로도 쓴다.

RESTART

내일 늦지 않도록 해라. **You'd better** be on time tomorrow.

믿는 게 좋을거야. **You'd better** believe it.

적응하도록 해라. **You'd better** get used to it.

A: **You'd better** hurry up so we can go. 같이 나가려면 서둘러.
B: Okay, I will. 알았어, 그럴게.

경찰을 부르는게 좋겠어. **I'd better** call the police.

다시 일해야겠어. **I'd better** go back to work.

소방서에 전화해야 돼. **We'd better** call the fire department.

A: All right, well, **I'd better** take it back. 좋아, 그럼 내가 그거 취소할게.
B: What? Why? 뭐? 왜?

걔한테 알리지 않는게 좋을 걸. **You'd better not** let him know.

시끄럽게 하지 않는 것이 좋을 걸. **You'd better not** make noise.

나가지마. 밖에 비가 와. **You'd better not** go outside. It's raining.

A: **You'd better not** go outside. It's too cold. 나가지마. 밖은 너무 추워.
B: You're right, but I want to see the game.
그렇긴 하지만, 그 경기를 보고 싶단 말이야.

STEP 02 PATTERN 32

앞으로 무슨 일을 하겠다고 말할 때

…를 생각중이야

공식 1

I am thinking of[about] ~ing

…를 생각하고 있어

I am thinking of
- going on a vacation. 휴가 갈 생각을 하고 있어.
- quitting soon. 곧 그만둘까 생각중야.

공식 2

I am thinking 주어+동사

…할까 생각중이야

I am thinking
- we should split up. 우리 헤어질 생각을 하고 있어.
- I have to tell her. 걔한테 말해야 한다고 생각하고 있어.

공식 3

I am planning to+동사

…할 계획 중이야

I am planning to
- stay more. 좀 더 머물거야.
- buy a new car. 새 차를 살 계획 중이야.

현재 지속되는 일이나 가깝게 예정된 나의 일을 말하는 경우로 이때는 I'm thinking of[about]+명사[~ing]를 활용하면 된다. I'm planning to+동사도 같은 의미로 「…할까 한다」라는 의미.

RESTART

결혼할거야. **I'm thinking about** getting married.

베티를 초대할까봐. **I'm thinking of** inviting Betty.

오늘밤 걔한테 데이트 신청할까 해. **I'm thinking about** asking her out tonight.

A: What are you going to do with your bonus? 당신 보너스로 뭘 할거예요?
B: **I'm thinking of** going on vacation. 휴가를 떠날까 하는데요.

걔한테 선물 사줄 생각을 하고 있어. **I'm thinking** I'll buy her a gift.

걔가 톰한테 말했다고 생각하고 있어. **I'm thinking** she told Tom.

우리가 그만둘까 생각중이야. **I'm thinking** we can quit.

A: Fran and Barb are always fighting. 프랜과 바브는 항상 싸워.
B: **I'm thinking** they should split up. 걔들은 헤어져야 한다고 생각하고 있어.

3주간 머물거예요. **I'm planning to** stay for three weeks.

이사 나갈 계획을 하고 있어. **I'm planning to** move out.

한 주 더 머물거야. **I'm planning to** stay for another week.

A: **I'm planning to** buy a new car. 새 차를 사려고 해.
B: What kind of car? 어떤 종류로?

STEP 02

PATTERN 33

무섭거나 걱정스럽다고 말할 때

...가 두려워(무서워)

공식 1

I am afraid of+명사 난 …가 두려워

I am afraid of
- her. 난 걔가 무서워.
- the big dog. 난 큰 개가 두려워.

공식 2

I am afraid to+동사 난 …하는게 무서워

I am afraid to
- go into the house. 난 그 집에 들어가는 것이 무서워.
- be alone at night. 난 밤에 혼자 있는게 무서워.

공식 3

I am afraid 주어+동사 안됐지만 …야

I am afraid
- she's right. 미안하지만 걔 말이 맞는 것 같아.
- I have bad news. 안됐지만 나쁜 소식이 있어.

I'm afraid of+명사, I'm afraid to+동사 형태로 「…를 걱정한다」는 의미지만 일반적으로 I'm afraid (that) 주어+동사 형태가 많이 사용된다. 상대방과 반대되는 이야기를 하게 될 때 혹은 상대방에게 미안한 이야기를 할 때 「안됐지만 …이다(아니다)」라는 뉘앙스를 풍기는 표현이다.

RESTART

난 죽음이 두려워. **I am afraid of death.**

그게 바로 내가 걱정하는거야. **That's what I'm afraid of.**

걘 네 감정을 상하게 할까봐 무척 걱정해. **She's too afraid of hurting your feelings.**

A: Why does Fred look so stressed? 프레드가 왜 그렇게 스트레스를 받았어?
B: He is afraid of ghosts, and he thinks a ghost is here.
걘 유령을 두려워하는데 유령이 여기 있다고 생각하고 있거든.

질문하는 것을 두려워하지마. **Don't be afraid to ask questions.**

걘 뱀을 보는 것을 두려워해. **She is afraid to look at snakes.**

걘 질한테 데이트신청하기를 두려워해. **He is afraid to ask Gill on a date.**

A: Why don't you try mountain climbing? 등산을 시도해보지 그래?
B: I would be afraid to hurt myself. 다칠 것 같아서 두려워.

뭐라 말해야 할지 모르겠네요. **I'm afraid I don't know what to say.**

우리는 아무 것도 할 수 없을 것 같아. **I'm afraid we can't do anything.**

우린 이미 계획이 있어요. **I'm afraid we already have plans.**

A: Could you please give me a ride to the Union Station?
유니온 역까지 태워주실 수 있나요?
B: I'm afraid I have class. 죄송하지만 수업이 있어서요.

STEP 02 PATTERN 34

고민 끝에 뭔가 하기로 결정했을 때

…하기로 결정했어

공식 1

I have decided to+동사 …하기로 결정했어

I've decided to
- stay longer.
  더 머물기로 결정했어.
- have a baby.
  우린 애를 갖기로 했어.

공식 2

I have decided 주어+동사 …하기로 결정했어

I've decided
- I need a change.
  변화가 필요하다는 결정을 내렸어.
- I'm going to go with her.
  걔랑 같이 가기로 결정했어.

공식 3

I've made up my mind to+동사

…하기로 마음먹었어

I've made up my mind to
- study hard.
  열심히 공부하기로 마음먹었어.
- quit the job.
  직장을 떠나기로 마음먹었어.

이번에는 나의 결심이나 결정을 표현하는 방식. 내가 심사숙고해서 「…하기로 마음을 먹었다」라는 의미로 I('ve) decided to+V 혹은 I('ve) decided that S+V 형태로 쓰면 된다. decide와 같은 의미로 회화에서는 make up one's mind도 많이 쓰인다.

RESTART

아직 못 정했는데요. **I haven't decided** yet.

걔랑 헤어지기로 결정했어. **I've decided to** break up with her.

너 없이 뉴욕에 가기로 했어. **I've decided to** go to New York without you.

A: My son **decided to** attend law school. 아들이 법대에 가기로 했어.
B: I guess he wants to be a lawyer. 변호사가 되려나 보구나.

돈을 많이 벌기로 결정했어. **I've decided** I will make a good money.

네 파티에 가기로 했거든. **I decided** I wanted to come to your party.

들러리는 너로 결정했어. **I've decided** my best man is you.

A: What made you **decide to** change your career path?
뭣 때문에 직종을 바꾸기로 결정한거야?
B: I got bored with accounting, so **I decided** I needed a change.
회계일이 지겨워서, 변화가 필요하다는 결정을 내렸지.

어서 마음을 결정해. Hurry up and **make up your mind.**

걘 이미 마음을 결정했어. He**'s already made up his mind.**

아직 결정을 못했는데. I **haven't made up my mind** yet.

A: Are you going to join our team? 우리 팀에 들어올거야?
B: I **haven't made up my mind** yet. 아직 결정은 못했어.

STEP 02

PATTERN 35

한 일이나 해야할 일을 잊었을 때

...하는 걸 잊었어

공식 1

I forgot (about)+명사(~ing) …를 잊었어

I forgot our date. 데이트하는 걸 잊었어.

I forgot my cell phone charger. 핸드폰 충전기를 잊고 두고 왔어.

공식 2

I forgot to+동사 …하는 걸 잊었어

I forgot to call you. 전화하는 걸 잊었어.

I forgot to tell you. 너한테 말하는 걸 잊었어.

공식 3

I forgot 주어+동사 …라는 걸 잊었어

I forgot you were here. 네가 여기 있다는 걸 잊었어.

I forgot I told you this before. 전에 너한테 이걸 말한 걸 잊었어.

뭔가 잊고 두고 오거나 생각이 안날 때는 무조건 forget. 앞으로 해야 할 것을 잊어버렸을 때는 I forgot to+동사라면 된다. 반대로 과거에 한 것을 잊었다고 할 때는 I forgot about that(내가 그걸 잊었어)처럼 forget (about)+명사[~ing]을 쓰면 된다.

RESTART

영수증을 두고 온 것 같아. **I think I forgot my receipt.**

좀 더 자주 깜박해. **I forget things more often.**

그거 신경 안 쓰는게 최선인 것 같아. **I think it's best that we just forget about it.**

A: Why didn't you answer your cellular phone? 왜 네 핸드폰 안 받았어?
B: I forgot it at home today. 오늘 집에 두고 왔어.

나한테 다시 전화하는 것 잊지마. **Don't forget to call me back.**

사장이 전화했다는 걸 깜박 잊었어. **I forgot to tell you that the boss called.**

내가 유부남인 걸 깜박하고 말 못했네. **I forgot to mention that I am married man.**

A: Why didn't you prepare a report? 왜 아무도 보고서를 안 만들었어?
B: It's my fault. I forgot to do it. 내 잘못이야. 내가 잊었어.

네가 여기 있다는 걸 잊었어. **I forgot you were here.**

걔가 13살이라는 걸 잊었어. **I forgot she's thirteen.**

내가 했던 말 신경 쓰지마. **Forget that I said anything.**

A: I forgot that he smokes cigarettes. 걔가 담배를 피우는지 잊었어.
B: I'll ask him to smoke outside. 나가서 피라고 내가 말할게.

STEP 02 PATTERN 36

힘들 때 도움을 주고자 할 때

…하는데 좀 도와줄게

공식 1

I will help+사람+동사(~ing)

…가 …하는 걸 도와줄거야

I'll help you
- fix your computer.
  네 컴퓨터 고치는거 도와줄게.
- mow your lawn.
  네 잔디 깎는거 도와줄게.

공식 2

Let me[I'll] help+사람+with+명사

…가 …하는 걸 도와줄게

Let me help you with
- your report.
  보고서 쓰는거 도와줄게.
- your grocery bags.
  식료품 가방 들어줄게.

공식 3

[It will] help+동사

…하는데 도움이 되다

It'll help
- solve the problems.
  그건 문제해결에 도움이 될거야.
- regain your strength.
  기력을 회복하는데 도움이 될거야.

「help+사람+동사원형」이라고 외워두면 되는데 동사원형 대신 동사의 ~ing형이 올 수도 있고 참고로 도와주는 내용을 동사가 아니라 명사로 하려면 help you with homework 처럼 「with +명사」를 사용하면 된다.

RESTART

설거지하는거 도와줄게. **I'll help you** finish washing the dishes.

보고서 쓰는거 좀 도와줄래? Will you **help** me write a report?

걘 많은 사람들이 금연하는 걸 도와줬어. She **helped** many people quit smoking.

A: Come on, **help** me move this. 그러지말고, 이거 옮기는 것 좀 도와줘.
B: I'm sorry! I must be off right now. 미안해! 나 지금 바로 나가야 돼.

그건 제가 도와드리죠. **Let me help you with** that.

네 숙제를 도와줄 수 있어. I can **help you with** your homework.

운전기사가 짐을 실어줄거예요. The driver will **help you with** your luggage.

A: Can I **help you with** anything? 도와드릴까요?
B: No, thank you, I'm just looking around.
고맙지만 괜찮아요. 그냥 구경만 하는 거예요.

이 일을 끝내는데 도와줄 수 있니? Can you **help** finish this work?

넌 그 책상을 옮기는데 도와줘야 해. You should **help** move that desk.

고통을 줄이는데 이게 도움이 될거야. It should **help** reduce the pain.

A: I can **help** find your cat. 너 고양이 찾는데 도와줄 수 있어.
B: Thanks. I don't know where she is. 고마워. 고양이가 어디 갔는지 모르겠어.

STEP 02 PATTERN 37

어떤 일을 다 마쳤을 때

...를 끝냈어

공식 1

I've finished+명사(~ing) ...를 끝냈어

I have just finished it. 방금 그걸 끝냈어.

I have just finished cleaning the room. 방금 방청소를 끝냈어.

공식 2

I'm finished with+명사 ...를 끝냈어

I'm finished with the work. 난 일을 끝냈어.

I'm not finished with the report. 레포트를 끝내지 못했어.

공식 3

Have you finished+명사? ...를 끝냈니?

Have you finished it? 그거 끝냈니?

Have you finished the report? 보고서 끝냈어요?

어떤 일을 다 끝마쳤다고 할 때는 동사 finish를 활용하여 I('ve) finished+명사[~ing], 그리고 끝냈냐고 물어볼 때는 Have you finished+명사[~ing]?라고 하면 된다. 특히 finish 다음에 동사가 올 때는 ~ing가 와야 한다는 점을 주의한다.

RESTART

난 방금 그 책을 끝냈어. **I've just finished the book.**

나 혼자서 크로스워드를 풀었어! **I finished the crossword all by myself!**

난 방금 초안 작성을 끝냈어. **I just finished writing a draft.**

A: What time do you think you will show up? 몇 시에 올 수 있을 것 같아?
B: I'll come after I finish working. 일을 마치고 갈게.

아직 할 얘기가 남았어. **I'm not finished with you.**

컴퓨터 다 썼어. **I am finished with computer.**

네가 그거 끝내면 알려줘. **Let me know when you're finished with that.**

A: Bring back that paper when you're finished with it.
신문 다 보고 좀 돌려줘.
B: Don't worry, I will. 걱정 마. 그렇게 할게.

다 마셨니? **Have you finished your drink?**

저녁 식사 끝냈니? **Have you finished your dinner?**

투숙 절차는 다 끝났어? **Did you finish checking in to your room?**

A: Did you finish that report? 보고서 끝냈어요?
B: Yes, it's done. 네, 다 끝냈습니다.

STEP 02

PATTERN 38

역시 하던 일을 다 끝냈다고 할 때

...를 마치다(끝내다)

공식 1

I am done with+명사(~ing) 난 …를 마쳤어

I think I'm done with her. 난 걔와 끝난 것으로 생각해.

I think I'm done with this marriage. 난 결혼생활이 끝났다고 생각해.

공식 2

I am not done with+명사 난 …를 못 끝냈어

I'm not done with her. 난 걔와 끝나지 않았어.

I'm not done with the work. 일 못 끝냈어.

공식 3

Are you done with+명사? 넌 …를 끝냈니?

Are you done with the Internet? 인터넷 다 썼니?

Are you done with the computer? 컴퓨터 다 썼니?

「끝내다」, 「마치다」하면 finish가 먼저 떠오르지만, be done with 또한 많이 사용된다. be done with 다음에 음식이 나오면 「다 먹었냐?」 그리고 사람이 나오면 「…와 헤어지다」라는 의미도 된다. 참고로 You done?하면 「끝냈어?」라는 말로 Have you finished?나 Are you through?와 같은 말이다.

RESTART

이제 끝낸 것 같아. **I think I'm done** now.

시험이 끝났어. **I'm done with** the test.

걔가 그걸 마쳤는지 모르겠어. I'm not sure if **he's done with** it yet.

A: I'll **be done with** the computer in just a minute.
컴퓨터 쓰는거 거의 다 끝났어.
B: Take your time. I'm in no rush. 천천히 해. 난 급할거 없으니까.

연습이 다 끝나지 않았어. **I am not done with** my practice.

그 책 아직 다 끝내지 못했어. **I am not done with** the book.

강의가 끝나지 않았어. **I am not done with** my lecture.

A: Can I take away your plate? 그릇 가져갈까요?
B: No, **I'm not done with** my snacks. 아직 스낵을 다 먹지 않았어요.

이거 끝냈어? **Are you done with** this?

오늘밤 요리는 다 끝났니? **Are you done with** cooking for tonight?

서류 정리 거의 다 끝나가요. **I'm almost through with** the documents.

A: **Are you done with** the Internet? 인터넷 다 썼니?
B: Yeah, you can shut off the computer. 그래, 이제 컴퓨터 꺼도 돼.

STEP 02

PATTERN 39

상대방에게 뭔가 가져다준다고 할 때

...를 가져다 줄까?

공식 1

Can I get you+명사

…를 갖다 줄까?

Can I get you
- a beer? 맥주 갖다 줄까?
- a muffin? 머핀 하나 갖다 줄까?

공식 2

Can[Could] you get me+명사?

…를 갖다 줄래?

Can you get me
- some water, please? 물 좀 갖다 줄래?
- something to write? 쓸 것 좀 갖다 줄래?

공식 3

get+명사+for sb

…에게 …를 갖다 주다

- I will get some coffee for you. 커피 좀 갖다 줄게.
- Could you get the book for me? 그 책 좀 갖다 줄 테야?

상대방에게 뭔가를 가져다 준다고 할 때는 get을 사용한다. get sb sth 혹은 get sth for sb를 기본형으로 해서 Can I get you~, I'll get you~, Let me get you~ 하게 되면 「너에게 뭔가 가져다주다」, 반대로 Can you get me~, You got to get me~ 형태가 되면 「내게 뭔가 가져다달라」는 의미의 표현이 된다.

RESTART

마실 것 갖다 줄까? **Can I get** you a drink?

변호사 구해줄게. **I'll get** you a lawyer.

잠깐만요, 매니저 불러 드리죠. Just a moment and **I'll get** you the manager.

A: How about we go **get** you a drink? 술 한 잔 사줄까?
B: OK, that's so nice. 좋지. 고마워.

도넛 좀 갖다 줄 수 있나요? **Could you get** me some doughnut?

일 좀 줘야죠. **You've got to get** me some work.

집까지 태워다 줄래? **Will you get** me to my house?

A: Go to the store and **get** me something. 가게에 가서 뭐 좀 사다 줘.
B: Would you please be more specific? 좀 더 구체적으로 얘기해줄래?

너한테 뭘 좀 갖다 줄게. I will **get** something **for** you.

라떼 한잔 더 줄까? I **get** another latte **for** you?

걔가 앉도록 의자를 갖다 줘. **Get** a chair **for** her to sit in.

A: Can I **get** another latte **for** you? 라떼 한잔 더 줄까?
B: No, no, I'm still working on mine. 아니. 아직 마시고 있는걸.

STEP 02 PATTERN 40

상대방에게 궁금한 것을 말해달라고 할 때

…를 말해줄래(알려줄래)?

공식 1

Can you tell me (about)+명사?

…(에 대해) 말해줄래?

Can you tell me about
- it? 그것에 대해 말해줄 수 있니?
- your plan? 네 계획 좀 알려줄래?

공식 2

Can you tell me 의문사+주어+동사?

…를 말해줄래?

Can you tell me
- what's going on? 무슨 일인지 말해줄래?
- what that is? 그게 뭔지 말해줄래?

공식 3

Can you tell me+의문사?

…를 말해줄래?

Can you tell
- me why? 이유를 말해줄래?
- why not? 왜 싫은지 말해줄래?

상대방에게 궁금한 점이나 정보를 물어볼 때 요긴하게 사용하는 표현으로 Can[Could] you tell[show] me 의문사 주어+동사? 혹은 간단히 의문사 to+동사 형태를 써서 Can[Could] you tell[show] me 의문사 to+동사?로 해도 된다.

RESTART

그거 전화로 얘기해줘 **Can you tell me about** it over the phone?

진짜 이유를 말해줄래? **Can you tell me** the real reason?

네 상황에 대해 말해줄래? **Can you tell me about** your situation?

A: **Can you tell me about** the pyramids in Egypt?
이집트 피라미드에 대해 말해줄래?
B: Sure. I visited them a few years ago. 그럼. 몇 년 전에 방문했었어.

거기 무슨 일인지 말해줄래? **Can you tell me** what's going on in there?

네 감정을 말해 줄 테야? **Can you tell me** how you feel?

무슨 일인지 말해줄래? **Can you tell me** what happened?

A: **Can you tell me** where the toilet is? 화장실이 어딘지 알려줄래요?
B: Wait a minute, let me ask someone for you.
잠시만. 다른 사람한테 물어보고요.

이유를 말해줄 수 있니? **Can you tell** me why?

방법을 알려줄 수 있니? **Can you tell** me how?

언제인지 말해줄 수 있니? **Can you tell** me when?

어디인지 말해줄 수 있니? **Can you tell** me where?

A: I am sorry. I can't make it tomorrow. 미안해요. 내일 시간이 안 될 것 같아요.
B: **Can you tell me why?** 이유를 말해줄 수 있니?

STEP 02 PATTERN 41

전혀 아는 바가 없다고 할 때

...할지 잘 모르겠어

공식 1

I have no idea 의문사 to+ 동사(의문사 주어+동사)

…할지 잘 모르겠어

I have no idea
- what to say.
  무슨 말을 해야 할지 모르겠어.
- how to help you.
  널 어떻게 도와야 할지 모르겠어.

공식 2

Do you have any idea what 주어+동사?

…인지 알겠니?

Do you have any idea
- what this means?
  이게 무슨 의미인지 알아?
- what happened yesterday?
  어제 무슨 일 있었는지 알아?

공식 3

You have no idea 의문사+주어+동사

넌 …를 몰라

You have no idea
- what you're doing.
  넌 네가 무슨 짓 하고 있는지 몰라.
- how much I miss her.
  걔를 얼마나 그리워하는지 넌 모를거야.

have no idea라는 숙어로 쓰이면 don't know라는 뜻이 된다. I have no idea what[who] S+V 혹은 간단히 I have no idea what[who] to do~ 하면 「무엇(누가)이 …인지 모른다」라는 표현이 된다. 단독으로 I have no idea하면 「몰라」라는 뜻으로 No의 대용어로 사용된다.

RESTART

네가 무슨 말을 하는지 모르겠어. **I have no idea** what you are talking about.

이게 어떻게 작동하는지 모르겠어. **I have no idea** how this works.

네가 뉴욕 출신이라는 걸 몰랐어. **I had no idea** you were from New York.

A: **I had no idea** that traffic was this bad in Seoul.
서울의 교통상황이 이렇게 나쁜 줄 미처 몰랐어요.
B: It's even worse during rush hour. 러시아워 때는 더 해요.

그게 얼마나 아픈지 알기나 해? **Do you have any idea** how much that hurts?

그게 얼마인지 알기나 해? **Do you have any idea** how much it would cost?

A: **Do you have any idea** what our class schedule will be?
우리 수업 일정이 어떻게 되는지 알아?
B: I think we'll have math class this morning. 오늘 아침에 수학수업이 있어.

넌 이게 얼마나 힘든지 모를거야. **You have no idea** how hard it is.

걔가 무슨 일을 겪었는지 넌 몰라. **You have no idea** what she's been through.

그게 어떻게 그렇게 됐는지 넌 몰라. **You have no idea** how that happened?

A: Here's a necklace for you. 여기 목걸이 당신거야.
B: Thank you! **You have no idea** what this means to me.
고마워! 이게 나한테 얼마나 중요한 것인지 모를거야.

STEP 02

PATTERN 42

상대방에게 편한 대로 하라고 권유할 때

맘 편히 ...해

공식 1

Feel free to+동사 …마음 편히 …해

Feel free to
- have fun. 마음 편하게 재미있게 보내.
- drop by anytime. 언제든 편하게 들러.

공식 2

You can feel free to+동사 맘대로 …해

You can feel free to
- pick up whatever you need. 필요한 것은 마음 놓고 골라.
- stay here as long as you like 원할 때까지 마음 편히 있어.

공식 3

Don't hesitate to+동사 주저 말고 …해

Don't hesitate to
- ask me. 필요한 거 있으면 바로 말해.
- call me. 주저 말고 전화해.

상대방에게 어려워 말고, 부담 없이 「맘대로 …하라」고 친절하게 말할 때 사용하는 표현. Feel free to는 꼭 명령문 형태로 쓰이는 것은 아니라 I want you to feel free to+동사~ (네가 맘 편히 …하도록 해) 의 형태로도 쓰인다.

RESTART

부담 없이 돌아봐. **Feel free to** have a look around.

부담 갖지 말고 와. **Feel free to** join us.

어려워하지 말고 어떤 질문이라도 해. **Feel free to** ask any questions.

A: **Feel free to** stay here as long as you like.
계시고 싶을 때까지 마음 놓고 머무세요.
B: It's very kind of you to say so. 그렇게 말씀해주셔서 고맙습니다.

부담 없이 우리한테 연락해. **You can feel free to** contact us.

맘 편히 늦게 와도 돼. **You can feel free to** come late.

편한 대로 왔다 갔다 해도 돼. **I want you to feel free to** come and go.

A: I am sorry I have to leave work early. 오늘 조퇴해야할 것 같아 미안해요.
B: Don't worry. **You can feel free.** 걱정하지마. 부담 갖지 말고.

필요한거 있으면 바로 말해. If you need anything, **don't hesitate to** ask.

주저 말고 의견을 솔직히 말해. **Don't hesitate to** speak out your opinion.

원하는 대로 주저 말고 드세요. **Don't hesitate to** eat as much as you want.

A: Thank you for your help with this homework. 내 숙제 도와줘서 고마워.
B: If there's anything else you need, **don't hesitate to** ask.
다른 뭐 필요한거 있으면 바로 말해.

STEP 02

PATTERN 43

무슨 일을 하는데 시간이 얼마나 걸린다고 말할 때

…하는데 시간이 걸려

공식 1

It takes 시간 to+동사

…하는데 시간이 걸려

It takes
- ten minutes to go there.
  거기 가는데 10분이 걸려.
- an hour to get there from here.
  여기서 거기 가는데 한 시간 걸려.

공식 2

It takes 시간 for+사람 to+동사

…가 …하는데 시간이 걸려

It takes time
- for me to cook a meal.
  요리하는데 시간이 걸려.
- for him to drive here.
  걔가 여기까지 운전해오는데 시간이 걸려.

공식 3

How long does it take to+동사?

…하는데 얼마가 걸려?

How long does it take to
- finish it?
  그거를 마치는데 얼마나 걸려?
- get dressed?
  옷을 입는데 얼마나 걸려?

It takes+시간+to+동사~ 형태. 시간이 정확하지 않을 때는 시간 앞에 about [around]을 붙여 「about+시간」으로 쓰면 된다. 물론 take 다음에는 일반명사도 와 「…하는데 …가 필요하다」라는 뜻으로 쓰이기도 한다.

RESTART

영어를 공부하는데 시간이 걸려. **It takes** time **to** learn English.

그렇게 하는데 용기가 필요해. **It takes** courage **to** do so.

집에 가는데 30분 걸렸어. **It took** 30 minutes **to** get home.

A: What a nice ring! That's so sweet. 와 반지 멋지다! 정말 고마워.
B: Glad you like it. **It took** a long time to find it.
맘에 들어 하니 기뻐. 찾는데 시간 많이 걸렸어

그걸 파악하는데 시간이 걸려. **It takes time for me to** figure it out.

나는 그 책을 끝내는데 시간이 걸렸어. **It took time for me to** finish the book.

그거 짜는데 시간 많이 걸렸어. **It took me a long time to** plan it out.

A: **It takes** about one hour **for me to** get home. I should get going.
집에 가는데 한 시간 걸려. 가야 돼.
B: Stay a little longer and hang out with me. 더 남아서 나랑 놀자.

여기서 집에 가는데 얼마나 걸려? **How long does it take to** go home from here?

거기 가는데 시간이 얼마나 걸려? **How long does it take to** get there?

출근하는데 얼마나 걸려? **How long does it take** for you **to** get to work?

A: **How long does it take to** finish this race? 이 경주를 마치는데 얼마나 걸려?
B: You will have to run for 30 minutes. 30분 간 달려야 될거야.

STEP 02

PATTERN 44

어떤 장소로 이동중이라고 말할 때

...가는 길이야(...하러 가는 길이야)

공식 1

be on one's way to+장소

…로 가는 길이야

I am on my way to

- the gym
  체육관에 가는 길이야.
- the library.
  도서관에 가는 길이야.

공식 2

be on one's way home

…집으로(돌아) 가는 길이야

I was on my way home

- from work.
  퇴근해서 집에 가는 길이었어.
- after school.
  방과 후 집에 가는 길이었어.

공식 3

be just on one's way out to+동사

…하러 가는 길이야

I am just on my way out to

- lunch.
  막 점심 먹으러 가는 길이야.
- go to class.
  막 수업에 들어가는 참이야.

뭔가 한 곳에서 다른 지점으로 이동 중이라고 말할 때는 기본적으로 on the way를 사용하면 된다. on the way (over) here하면 「이쪽으로 오는 도중에」, on the way back하면 「돌아오는 도중에」라는 뜻이 된다.

RESTART

공항으로 가는 길이야. **I am on my way to the airport.**

수퍼로 가는 길이야. **I am on my way to supermarket.**

곧 시카고로 가는 길이었어. **I was on my way to Chicago shortly.**

A: When are you leaving? 언제 출발할거니?
B: **I'm on my way now.** 지금 가고 있는 중이야.

나 집에 가는 길이야. **I'm on my way home.**

집에 가는 길에 픽업할게. **I'll pick you up on my way home.**

퇴근해서 집에 오는 길이었어. **I was on my way home from work.**

A: When can you pick me up? 언제 날 픽업해줄 수 있니?
B: I'll pick you up **on my way home.** 집에 가는 길에 해줄게.

막 갚으려던 참이었어. **I was just on my way out to pay you back.**

막 나가려던 참이야. **I am just on my way out.**

막 산책하러 나가려던 참이야. **I am just on my way out to take a walk.**

A: When are you going to pay me back? 너 언제 나한테 갚을거니?
B: **I am just on my way out to** the bank. 막 은행 가려던 참이야.

STEP 02

PATTERN 45

상대방에게 뭔가 하자고 제안할 때

…하는게 어떨까

공식 1

Why don't you+동사? …하는게 어떨까?

Why don't you
- take a break? 쉬지 그래.
- give me a hand? 나 좀 도와줘.

공식 2

Why don't we+동사? …하자

Why don't we
- go for dinner? 저녁 먹으러 가자.
- get together on Saturday? 토요일에 만나자.

공식 3

How about+명사(~ing/주어+동사)?

…하면 어때?

How about
- going out for lunch? 점심 먹으러 가면 어때?
- a drink tonight? 오늘 저녁 한 잔하면 어때?

Why don't you+동사?는 무늬만 의문문일뿐 실제로는 제안하는 문장. 변형된 Why don't I+동사~?는 「…할게요」(Let me+동사~), Why don't we+동사~?는 「…하자」(Let's+동사~)라는 의미.

RESTART

여기 좀 오지 그래? **Why don't you** come over here?

하루 묵고 가지 그래. **Why don't you** stay over?

좀 긴장을 풀어봐. 응? **Why don't you** try to relax, okay?

A: **Why don't you** ask her to join us? 쟤도 함께 하자고 물어봐?
B: I think I will. 그러려고.

오늘은 그만 일하는게 어때? **Why don't we** call it a day?

그냥 투표하는게 어때? **Why don't we** just vote?

심야프로를 보자. **Why don't we** catch a late show?

A: **Why don't we** get together on Saturday? 토요일에 만나자.
B: Sure. Call me in the morning. 그래. 아침에 전화해.

커피 한 잔 더 할래? **How about** another cup of coffee?

디저트 좀 들래요? **How about** some dessert?

내일 저녁은 어때? **How about** tomorrow evening?

A: **How about** going out for a drink tonight? 오늘 밤 한잔하러 나가자.
B: Yes, let's do that. 좋아. 그렇게 하자.

PATTERN 46

상대방에게 이유를 물어볼 때

어째서 ...하는거야(왜 그러는거야)?

공식 1

How come 주어+동사? 어째서 …하는 거야?

How come
- you are so weird?
  어째서 넌 그렇게 이상하냐?
- you didn't tell me?
  어째서 내게 말하지 않았어?

공식 2

Why do you 주어+동사? 왜 그러는거야?

Why did you
- hate me? 왜 나를 싫어했어?
- think so? 왜 그렇게 생각했어?

공식 3

Why didn't you 주어+동사? 왜 …하지 않았어?

Why didn't you
- tell me? 왜 내게 말하지 않았어?
- take the job?
  왜 그 일을 맡지 않았어?

How come~은 한마디로 why에 해당되는 단어지만 why와 달리 시제가 현재이건 과거이건 뒤에 바로 주어+동사를 도치 없이 그대로 갖다 붙이기만 하면 된다. 단독으로 How come? 하면 「왜?」, 「어째서?」라는 뜻으로 Why?, Why is that?과 같은 의미.

RESTART

왜 내게 한마디도 안 했던거야? **How come** you never said anything to me?

어떻게 내게 그 얘기를 안 한거야? **How come** you never told me that?

어째서 넌 엄마랑 살지 않아? **How come** you don't live with your mom?

A: **How come** he didn't show up last night? 걔는 왜 어젯밤 안 왔대?
B: I'm not sure. Maybe he was ill. 몰라, 아팠겠지.

왜 그랬어? **Why did you** do that?

왜 그런 말을 했어? **Why did you** say that?

왜 그렇게 걱정을 하니? **Why do you** worry so much?

A: **Why did you** break up with Anna? 왜 애너와 헤어진거야?
B: She wants to start a family. I'm not ready.
갠 가정을 꾸미려고 하는데 난 준비가 안돼서.

왜 아무 말도 하지 않았어? **Why didn't you** say anything?

내가 왜 그걸 생각 못했을까? **Why didn't I** think of that?

어젯밤에 왜 전화 안 했어? **Why didn't you** call me last night?

A: Oh my God! **Why didn't you** tell me? 맙소사! 왜 내게 말하지 않았어?
B: We thought you knew! 우린 네가 아는 줄 알았어!

STEP 02 PATTERN 47

예정되어 있거나 해야 할 일을 말할 때

…하기로 되어 있어

공식 1

I'm[You're] supposed to+동사

난[넌] …하기로 되어 있어

I'm supposed to
- pick him up.
  난 걜 픽업하기로 되어 있어.
- meet her today.
  난 오늘 걜 만나기로 되어 있어.

공식 2

I'm[You're] not supposed to+동사

난[넌] …하면 안 돼

I'm not supposed
- to be here.
  난 여기에 있으면 안 돼.
- do that job.
  내가 그 일을 하면 안돼.

공식 3

He was supposed to+동사

걔가 …했어야 하는데

She was supposed to
- be here by now.
  걘 지금쯤 여기 와 있어야 하는데.
- attend the meeting.
  걘 회의에 참석했어야 했는데.

「…해야 한다」라고 할 때 그것이 의무나 필요에 의해서라기보다는 그렇게 지시를 받았거나 사전에 그렇게 하기로 룰이 정해져 있기 때문인 경우에는 be supposed to+동사를 쓰게 된다.

RESTART

내가 방을 치우기로 되어 있어. **I am supposed to** clean up the room.

난 좀 더 머물기로 되어 있어. **I am supposed to** stay longer.

내가 회의를 시작하게 되어 있어. **I am supposed to** start the meeting.

A: **I am supposed to** pick up Sally. 난 샐리를 픽업하기로 되어 있어.
B: Well, you'd better leave now. 그래, 지금 떠나는게 좋겠군.

네가 또 그러면 안 돼. **You're not supposed to** do it again.

넌 여기 있으면 안 돼. **You're not supposed to** be here.

난 커피를 마시면 안 돼. **I am not supposed to** drink coffee.

A: **I am not supposed** to have salt and sugar. 난 소금과 설탕을 먹으면 안돼.
B: Why? Do you have diabetics? 왜? 당뇨병에 걸렸니?

걔가 벌써 집에 들어왔어야 하는데. **She was supposed to** be home already.

걔 지금쯤 집을 떠났을 텐데. **He was supposed to** leave home now.

걔들이 회의를 이미 시작했을 텐데. They were **supposed to** start the meeting.

A: I saw Jim working in the office today. 오늘 짐이 사무실에서 일하고 있더라.
B: That's weird, **he is supposed to** be on vacation.
이상하네. 걔 휴가 중일 텐데.

STEP 02

PATTERN **48**

뭔가 해야 될 시간이 되었다고 말할 때

이제 …할 때야

공식 1

It's time to+동사 이제 …할 때야

It's time to
- go. 이제 갈 시간이야.
- go to bed. 잘 시간이야.

공식 2

It's time for 사람 to+동사 …가 …할 때야

It's time for
- me to go home.
  나 집에 갈 시간이야.
- you to make a choice.
  네가 결정할 시간이야.

공식 3

It's high time to+동사(주어+동사)

…하기에 적당할 때야

It's high time
- to make a toast.
  건배를 할 시간이야.
- we took a vacation.
  휴가를 가기에 적기야.

시간의 순서상 「…할 차례가 되었다」는 것이 아니라 의당 벌써 했어야하는 일인데 좀 늦은 감이 있다라는 뉘앙스를 풍기는 표현으로 이때는 It's time (for+사람) to do[(that) 주어+동사]~ 의 표현을 쓰면 된다.

RESTART

이제 헤어질 시간이야. **It's time to say good-bye.**

이제 결정을 할 때야. **It's time to make a decision.**

변화할 때인 것 같아. **I think it's time for a change.**

A: It's time to leave for the party. 파티에 가야 할 시간이야.
B: I'll meet you down in the lobby. 아래 로비에서 보자.

네가 결혼할 때야. **It's time for you to get married.**

이제 내가 결정할 때야. **It's time for me to decide.**

파티가 끝나야 할 때야. **It's time for the party to end.**

A: It's time for the kids to go to bed. 애들이 잘 시간이야.
B: Is it really getting so late? 정말로 그렇게 늦었어?

네가 머리를 쓸 좋은 시기야. **It's high time you used your head.**

우리가 가야할 때야. **It's high time for us to go.**

이제 네가 은퇴할 좋은 시기야. **It's high time you retired from your work.**

A: I am going to quit. It's high time I took my life back!
나 때려 칠거야. 내 인생을 되찾아야 할 때야!
B: Good for you, Charles! 잘됐다, 찰스.

STEP 02

PATTERN 49

확실하지는 않지만 뭔가 있다고 말하고 싶을 때

…할 것이 있어

공식 1

There is something+형용사/주어+동사

…할 것이 있어

There is something
- strange.
  뭔가 이상한 게 있어.
- I forgot to do.
  내가 할 일을 잊은 게 뭐 있어.

공식 2

Is there something+형용사?

…한 것이 있니?

Is there something
- wrong (with that)?
  (그거) 뭐 잘못된거 있어?
- new in the paper?
  신문에 새로운 것이 있니?

공식 3

Is there anything 주어+동사?

…할 것이 있니?

Is there anything
- you need?
  너 필요한 것이 있니?
- I should know?
  내가 알아야 할 게 있니?

There is[Is there]~ 다음에 something[anything]을 붙이고 그리고 뒤에 형용사나 관계대명사절을 연결하면 된다. There's something 다음에 something에 대한 추가적인 정보를 주기 위해 관계대명사 that(생략가능)을 쓴다.

RESTART

너한테 뭔가 특별한게 있어. **There's something** special about you.

내 인생에 뭔가 새로운게 있어. **There's something** new in my life.

걔가 우리한테 말해야만 하는게 있어. **There's something** she must tell us.

A: I think **there's something** wrong on the account.
뭔가 계산이 잘못된 것 같은데요.
B: Let me double check. 다시 한 번 계산해 보죠.

신문에 뭐 재미난게 있어? **Is there something** interesting in the paper?

그거 뭐 잘못된거 있어? **Is there something** wrong with that?

여기 좀 이상한 일이 생긴거야? **Is there something** strange happening here?

A: **Is there someone** who can speak Korean? 한국어 하는 사람 있어요?
B: Wait a minute and I'll get Miss Choi. 잠시 만요, 미스 최를 바꿔줄게요.

내가 뭐 해줄 일이 있어? **Is there anything** I can do for you?

더 필요한 게 있으십니까? **Is there anything** else?

내가 뭐 도와줄게 있니? **Is there anything** I can help you with?

A: **Is there anything** I can do? Anything? 내가 뭐 도와줄 것 있어? 뭐라도?
B: Yeah, just leave me alone for a while. 어, 잠시 동안 날 좀 내버려 둬.

STEP 02 PATTERN 50

가능성이 있다고 말할 때

…할 가능성이 커

공식 1

There's a good chance 주어+동사

…할 가능성이 커

There's a good chance
- he can fail.
  걔가 실패할 가능성이 커.
- he can be better.
  걔가 나아질 가능성이 커.

공식 2

There's a great possibility 주어+동사

…할 가능성이 커

There's a great possibility
- he will come.
  걔가 올 가능성이 커.
- you'll be on TV.
  네가 TV에 나올 가능성이 커.

공식 3

Is there any chance 주어+동사?

…할 가능성이 있니?

Is there any chance
- she will come?
  걔가 올 가능성이 있니?
- we will get a pay raise?
  우리 급여인상 가능성이 있니?

There's chance[possibility] 주어+동사의 구문을 애용한다. 「…할 가능성이 크다」라고 할 때는 There's good chance 주어+동사라고 하면 된다. 그냥 간단히 There's a chance(가능성이 있어), It's a possibility(그럴 수도 있지)이라고도 많이 쓰인다.

RESTART

오늘 비가 올 가능성이 높아. **There's a good chance** it will rain today.

네가 다칠 수도 있어! **There's a chance** you will get hurt!

걔도 널 사랑할 가능성이 있어. **There's a chance** he might love you too.

A: Why do you like to gamble? 왜 도박을 좋아해?
B: **There's a chance** I will win a lot of money. 내가 많은 돈을 딸 가능성이 있으니까.

내가 승진할 가능성이 있어. **There's a possibility** I will be promoted.

걔가 틀렸을 가능성이 있어. **There's a possibility** he is wrong.

걔가 잘릴 가능성이 있어. **There's a possibility** he will get fired

A: **There's a possibility** you'll be on TV. 네가 TV에 나올 가능성이 있어.
B: Wow! I don't know how to thank you. 야! 뭐라 감사해야 할지 모르겠어.

우리가 외출할 가능성이 있니? **Is there any chance** we can go out?

묵을 방을 구할 수 있을까? **Is there any chance** we can get a room?

A: **Is there any chance** we can get a room for the night?
하룻밤 묵을 방을 구할 수 있을까요?
B: I think we might have one with two double beds.
더블 침대 2개가 있는 방이 있을 것 같아요.

STEP 02

PATTERN 51

상대적으로 더 좋다고 말할 때

...보다 더 나은

공식 1

비교급+than …보다 더 나은

She is much taller than me.
걔가 나보다 훨씬 더 커.

It's much easier than you think.
네가 생각하는 거보다 훨씬 쉬워.

공식 2

be better than …보다 더 잘...

He's better than you think.
걔는 네가 생각하는 거 이상이야.

I don't think I'm better than you.
내가 너보다 낫지 않아.

공식 3

the more, the more …하면 할수록 …하다

The more, the better. 다다익선.

The more money, the better.
돈은 많을수록 더 좋아.

「…보다 더 낫다」라는 의미의 문장은 형용사 er+than~ 혹은 more+형용사 +than~의 형태로 써주면 된다. 물론 비교 대상은 than 다음에 써주면 되는데 역시 명사, 대명사 및 절이 올 수도 있다.

RESTART

방사성이 지진보다 더 위험해. Radioactivity is **more dangerous than** the earthquake.

네가 걔보다 10배나 예뻐. You're ten times **prettier than** she is.

A: Your lifestyle seems to be **healthier than** mine.
나보다 생활방식이 더 건전한 것 같아.
B: What makes you think that? 뭣 때문에 그렇게 생각하는데?

걘 내가 예상한 것보다 더 아름다워. She **is much better than** I expected.

아예 안 오는 것보다야 낫지. **Better late than** never.

네 처음 계획보다 더 나아. **It's better than** your first plan.

A: What do you think of him? 걔를 어떻게 평가해?
B: He **is much better than** I expected. 내가 예상한 것보다 훨씬 나아.

빠를수록 좋아. **The sooner, the better.**

눈이 많이 오면 올수록 더 좋아. **The more** snow, **the better.**

사람이 많을수록 더 좋아. **The more** people, **the better.**

A: When should I be there tomorrow? 내일 언제 거기에 가야 하니?
B: **The earlier, the better.** 일찍 올수록 더 좋아.

STEP 02

PATTERN 52

가장 최고라고 말할 때

가장 ...한

공식 1

~est+명사+부사구 …중에서 가장 …한

I am the richest guy in America.
미국에서 내가 가장 부자야.

We are the luckiest people in the world.
우리가 세계에서 가장 운좋은 국민야.

공식 2

the most+형용사+명사 가장 …한

That's the most important thing.
그게 가장 중요한거야.

You are the most beautiful girl.
네가 가장 아름다운 여자애야.

공식 3

the most+형용사+명사+I've ever met

내가 만나본 중에서 가장 …한

You are the hottest girl I've ever met.
내가 만나본 중 네가 가장 매력적인 애야.

This is the biggest shop that I've ever seen.
내가 본 중 가장 큰 가게야.

최상급에서 가장 많이 쓰이는 건 아마 most이다. 그리고 최상급 문장에서는 in the world, of the year처럼 제한된 시간, 장소어구가 나오거나 I've ever seen(met) 등과 같은 현재완료어구가 나와 최고의 뜻을 받쳐주게 된다.

RESTART

우린 최신 정보를 계속 기다리고 있어. We continue to wait for **the latest** information.

가장 새로 온 회원을 소개합시다. Let's introduce **our newest** member.

가장 가까운 지하철역이 어디니? Where is **the nearest** subway station?

A: I'm the **richest** man in America. 미국에서 내가 가장 부자야.
B: Don't make me laugh! 웃기지 좀 마!

우리 인생에서 가장 의미 있는 날이야. This is **the most** special day of our lives.

믿기지 않는 일이 벌어졌어. **The most** unbelievable thing has happened.

이 가게에서 제일 비싼 옷이었어. This was **the most** expensive suit in the store.

A: I have a feeling that we will be back here soon.
왠지 곧 여기 다시 오게 될 것 같은 예감이 들어.
B: I hope so, this is **the most** beautiful place in the country.
나도 그러길 바래. 이 나라에서 제일 아름다운 곳이잖아.

그 어느 때보다도 심한 혹한이야. This is **the worst cold wave that I've ever felt.**

걔가 최악의 범죄자야. He is **the worst criminal we have ever known.**

A: You're **the dumbest woman I have ever met.** 너같이 멍청한 여자는 처음이야.
B: You can't talk to me like that! 내게 그런 식으로 말하지마!

STEP 02

PATTERN 53

굳어진 비교급 관용어구 사용하기

가능한 빨리 ...해

공식 1

as good as …만큼 …한

This doesn't taste as good as it looks.
보기처럼 맛있지 않아.

This TV is as good as new. 이 TV는 새 것과 같아.

공식 2

as many[much] as …만큼 많은

You can have as many as you want.
네가 원하는 만큼 먹어.

I hate this as much as you.
너만큼이나 나도 이거 싫어해.

공식 3

as soon as possible/one can 가능한 빨리

I'm coming as soon as possible.
가능한 빨리 갈게.

Please come back as soon as you can.
가능한 빨리 돌아 와줘.

비교급 관용어구. as good as, as many as, as much as 등의 관용표현과 또한 일상 구어체에서 무지무지 많이 쓰이는 as soon as possible(ASAP)로 대표되는 as+형[부] +as possible, as+형[부]+as one can 등의 표현도 함께 알아둔다.

RESTART

생각했던 것만큼 좋지가 않니? Isn't it **as good as** you expected?

걘 거의 죽은 셈이야. He is **as good as** dead.

그 문제는 거의 해결된 것과 같아. The issue is **as good as** settled.

A: Do you like to buy LG products? LG 상품을 사고 싶니?
B: Sure, they are **as good as** any other products.
그럼. 여느 다른 제품만큼 좋아.

걘 아버지만큼이나 몸무게가 나가. He weighs **as much as** his father.

저 보석류는 집만큼이나 가격이 나가. That jewelry costs **as much as** a house.

걘 거의 30편 영화에 출연했어. He has been in **as many as** thirty movies.

A: I'm willing to pay **as much as** two thousand dollars for it.
거기에 2천 달러 정도 낼 의향이 있어요.
B: I'm not sure if he'd sell it for that. 그이가 그 가격에 팔지는 모르겠네요.

가능한 한 빨리 도착하도록 할게. I'll try and get there **as soon as possible.**

가능한 한 빨리 다시 일하고 싶어. I'd like to get back to work **as soon as I can.**

A: Come on, or we're going to be late. 서둘러, 안 그러면 우린 늦어.
B: I'm coming **as quickly as I can.** 최대한 빨리 나갈게.

STEP 02

PATTERN 54

놀라며 감탄할 때

정말 ...하네

공식 1

What+명사! 정말 …하네!

What a surprise! 정말 놀랍군!

What a shame[pity]! 안됐구나!

공식 2

What+형용사+명사! 정말 …한 '명사'네!

What a great idea! 야 참 좋은 생각이야!

What a huge relief! 참 다행이야!

공식 3

How+형용사! 정말 …해!

How beautiful! 정말 아름다워!

How interesting! 정말 재미있어!

감탄문은 What a ~!를 많이 애용한다. 간단히 What a+(형용사)+명사! 형태를 쓰거나 혹은 좀 길게 말하려면 뒤에 주어+동사를 붙이면 된다. How 역시 How nice! 처럼 How+형용사! 형태로 쓰이며 What a~ 의 경우와 마찬가지로 뒤에 역시 「주어+동사」를 붙일 수도 있다.

RESTART

정말 짜증나는 날이네! 정말 피곤해. **What a** day! I'm really tired.

이런 바보 같으니! **What a** loser!

이런 우연이 있나! **What a** coincidence!

A: Heather crashed her car and is in the hospital. 헤더가 차 사고로 입원했어.
B: **What a** shame! 안됐네!

세상 참 좁네! **What a** small world!

정말 게으른 여자애야! **What a** lazy girl!

너 집 정말 멋지구나! **What a** lovely house you have!

A: We can visit Hawaii on our way back to Korea.
한국으로 돌아가는 길에 하와이를 들릴 수 있어.
B: **What a** great idea! 참 좋은 생각이야!

너 오늘 정말 스마트 했어! **How** smart you were today!

빵 냄새 정말 근사하네! **How** good that bread smells!

네 생일을 잊다니 끔찍해! **How** terrible I forgot your birthday!

A: **How** interesting you met your girlfriend online!
여친을 온라인으로 만나다니 재밌네!
B: Yeah, I feel lucky about that. 응, 나도 운이 좋다고 생각해.

STEP 02

PATTERN 55

어떤 일의 원인과 결과를 말할 때

그래서 ...한거지

공식 1

That's why 주어+동사 바로 그래서 …한거야

That's why
- I decided to quit.
  그래서 내가 그만 두려고 하는거야.
- I wanted to talk to you.
  바로 그래서 너하고 얘기하고 싶었어.

공식 2

That's because 주어+동사 그건 …때문이야

That's because
- there is no answer.
  답이 없기 때문이야.
- all people are selfish.
  모든 사람은 다 이기적이어서 그래.

공식 3

It's because 주어+동사 이건 …때문이지

It's because
- I trust you. 이건 내가 널 믿어서지.
- we are friends.
  이건 우리가 친구라서 그렇지.

어떤 결과를 말할 때는 That's why~ 를 이용하면 되고 반대로 원인을 말하려면 That's because~ 를 이용하면 된다.

RESTART

바로 그래서 넌 걱정할 필요가 없어. **That's why** you don't have to worry.

바로 그래서 오늘밤 가기 싫어. **That's why** I don't want to go tonight.

널 싫어해서 내가 떠나는거야. I hate you and **that's why** I'm leaving.

A: That business is really cut-throat. 그 사업은 정말 치열해.
B: **That's why** I decided to quit. 그래서 내가 그만 두려고 하는거야.

네가 그걸 이해 못하기 때문이야. **That's because** you don't understand it.

걔가 단지 초보자라서 그런거야. **That's because** he is just a beginner.

걔들이 진실을 몰라서 그러는거야. **That's because** they don't know the truth.

A: They certainly speak well of him there.
거기선 걔에 대해 좋게 이야기하는게 분명해.
B: **That's because** he did a great job for them.
걔가 거기에서 일을 아주 잘 해줬거든.

걔가 그녀의 배경을 알아서 그런거야. **It's because** he knows her background.

이건 걔가 너무 젊어서야. **It's because** he is too young.

교통이 막혀서 그런 거지. **It's because** there is heavy traffic.

A: Have you ever seen him act that way before?
너 전에 저 친구가 저런 짓 하는거 본 적 있어?
B: Only once and **it was because** he was drunk. 딱 한 번. 그땐 술취해서 그랬어.

STEP 02

PATTERN 56

뭔가 강조해서 말할 때

이게 바로 ...한거야

공식 1

That is what 주어+동사 그게 바로 …야

That's what I mean. 그게 내 뜻이야.

That's what I'm saying. 내 말이 그 말이야

공식 2

Is that what 주어+동사? 그게 바로 …야?

Is that what you want? 그게 네가 바라는거냐?

Is that what she said? 그게 바로 걔가 말한거야?

공식 3

This is just what 주어+동사 이게 바로 …하는거야

This is just what I want to do.
이게 바로 내가 하고 싶은거야.

This is just what you have to do.
이게 바로 네가 해야 하는거야.

That's what~ 은 「바로 그게 내가 …하는 거야」라는 의미. 더 강조하려면 That's exactly what~ 하면 되고 부정으로 하려면 That's not 주어+동사라 하면 된다. 의문문 형태의 Is that what~?도 자주 쓰인다.

RESTART

바로 그게 내가 말하려고 했던거야. **That's what** I was going to say.

누가 아니래! **That's what** I thought!

내가 예상했던거야! **That's what** I expected!

A: We have to change our bed first. 먼저 우리 침대를 바꾸어야 해.
B: **That what** I'm saying. 내 말이 그 말이야.

그게 바로 네가 듣고 싶어 하는거야? **Is that what** you want to hear?

그게 네가 생각하는거야? **Is that what** you're thinking?

그게 의사가 너한테 한 말이니? **Is that what** the doctor said to you?

A: I heard your wife say you cheated. 네가 외도했다고 네 부인이 말하는 걸 들었어.
B: **Is that what** she said? 내 와이프가 그렇게 말했어?

내가 원했던게 바로 이거야. **This is just what** I wanted.

이게 바로 내가 말하는거야. **This is what** I'm talking about.

이게 바로 네가 찾던거야. **This is what** you're looking for.

A: I really like attending concerts. 정말 콘서트에 가는 걸 좋아해.
B: **This is what** we should do next Saturday.
이게 바로 우리가 다음 토요일에 할거야.

PATTERN 57

장소나 시간 등을 강조해서 말할 때

바로 ...한 곳이 여기야

공식 1

This is where 주어+동사 이곳이 바로 …한 곳이야

This is where
- you put it? 여기에 네가 그것을 놓은거야?
- we met first. 여기가 우리가 처음 만난 곳이야.

공식 2

This is when 주어+동사 이제 …하는 때야

This is when we
- must leave. 이제 우리가 떠날 때야.
- dessert is served. 이제 후식이 나올 때야.

공식 3

That is how 주어+동사 이렇게 …가 된거야

- That is not how it works. 그렇게 되는 것은 아냐.
- That is how she hurt her leg. 이렇게 걔가 다리를 다쳤어.

앞서 That's what~ 과 This is what~ 을 배웠지만 This[That] is~다음에 what만 오는 것은 아니다. 장소를 언급하거나 시간, 방법 등을 언급할 때는 This[That] is where[when/how] 주어+동사처럼 의문사를 바꾸어 가면서 다양하게 말해볼 수 있다.

RESTART

여기가 네가 일하는 곳이니? **This is where** you work?

여기서 내려야 하는 곳이야. **This is where** you should get off.

여기가 조지가 루시를 만난 곳이야. **This is where** George met Lucy.

A: **This is where** I eat lunch every day. 여기가 내가 매일 점심을 먹는 곳이야.
B: You must like the food here. 여기 음식을 좋아하나 보구나.

우리가 빈털터리가 되었을 때야. **That's when** we got broke.

우리가 배고픔을 느꼈을 때야. **That's when** we felt hungry.

그때 내 다리가 부러졌을 때야. **That's when** I broke my leg.

A: Dad, when does car accidents happen? 아빠, 차 사고가 언제 나는거야?
B: **That is when** someone drives badly. 누군가 운전을 험하게 했을 때지.

여기서는 그렇게 하는게 아니야. **That's not how** we do things here.

일이 그렇게 돌아가는게 아냐. **That's not how** things work out.

여기선 그렇게 여행하지 않아. **That is not how** we travel here.

A: I just ran a virus scan on your computer. 방금 네 컴퓨터 바이러스 스캔 돌렸어.
B: **That is how** it's done. I was wondering about that.
그렇게 하는거구나. 궁금했었어.

Step 3

응용패턴 말문트기

STEP 03

PATTERN 01

밑기지 않은 이야기를 들었을 때

...가 믿기지가 않아

공식 1

I can't believe 주어+동사

…라는 게 믿기지가 않아

I can't believe
- it is real.
  이게 사실이라는게 믿기지 않아.
- you did that.
  네가 그랬다니 말도 안돼.

공식 2

I can't believe 의문사+주어+동사

…라는 걸 믿을 수가 없어

I can't believe
- how far it is. 정말로 멀구나.
- how hot it is today.
  오늘 정말 무지 덥구나.

공식 3

Can you believe 주어+동사?

…라는 게 믿겨져?

Can you believe
- I finally did it?
  내가 마침내 그걸 했다는게 믿겨져?
- she is not married yet?
  걔가 아직 미혼인게 믿겨져?

상대방에게서 들은 이야기가 믿을 수 없을 정도로 놀라울 땐 I can't[don't] believe (that) 주어+동사를 쓴다. 일상회화에서는 I don't believe~ 보다는 I can't believe~ 를 더 많이 쓰인다.

RESTART

이런 일이 또 생기다니 믿을 수가 없어! **I just can't believe** this is happening again.

걔가 날 해고하다니! **I can't believe** she fired me!

어떻게 나한테 전화 한 번도 안할 수 있어. **I can't believe** you never called me.

A: **I can't believe** it's finally Friday! 기다리고 기다리던 금요일이 왔구나!
B: I know what you mean. It's been a long week.
왜 그러는지 알겠어. 기나긴 한 주였지.

내가 방금 읽은 것을 믿을 수가 없어! **I can't believe** what I just read.

네가 말한 것을 믿을 수가 없어. **I can't believe** what you said.

그것이 얼마나 비싼지 믿을 수가 없어. **I can't believe** how expensive it is.

A: Have you heard the news of the big earthquake in Japan?
일본 대지진 소식 들었니?
B: **I can't believe** what I have read in the paper.
신문에서 읽은 것이 믿겨지지 않아.

이게 믿겨져? **Can you believe** this?

걔가 그걸 모르고 있었다는게 믿겨져? **Can you believe** she didn't know it?

걔들이 아직 여기 오지 않은게 믿겨져? **Can you believe** they're still not here?

A: **Can you believe** she got pregnant? 걔가 임신했다는게 믿겨져?
B: You can't be serious. She's not married yet. 말도 안 돼. 걔 아직 미혼이잖아.

STEP 03

PATTERN 02

어떻게 하든 난 상관없다고 말할 때

…에 상관이 없어

공식 1

I don't care about+명사 난 …에 상관없어

I don't care about
- the result. 난 결과에 상관없어.
- your feelings. 네 감정 알 바 아냐.

공식 2

I don't care what[who] 주어+동사

난 …가 상관없어

I don't care
- what you think. 네 생각에 관심 없어.
- who he is. 걔가 누군지 관심 없어.

공식 3

It doesn't matter to+사람/의문사절

…에 상관없어

It doesn't matter
- to me. 난 별로 상관없어.
- what you say. 네가 뭐라고 하든 상관없어.

상대방이 나의 의견을 물을 때 나는 상관없음을 혹은 결정권을 상대방에게 일임할 때 쓰는 표현. to me를 생략하거나 혹은 주어 It을 빼고 Doesn't matter라고 쓰기도 한다. I don't care 역시 무관심 표현으로 I don't care about+명사하면 「…가 알게 뭐야」라는 뜻으로 쓰인다.

RESTART

난 그것에 대해 상관 안해! **I don't care about** that!

난 조금도 신경 안 써. **I don't care** a bit.

알게 뭐람! 난 안 그만둔다고! **I don't care!** I am not quitting!

A: Can I use your computer when you're gone?
너 퇴근한 후 네 컴퓨터 좀 써도 될까?
B: **I don't care.** 그래. 상관없어.

다른 사람들이 날 어떻게 생각해도 상관없어. **I don't care what** other people think of me.

난 걔가 뚱뚱하든 날씬하든 상관 안 해. **I don't care if** she's fat or thin.

걔가 누구랑 자는지 관심 없어. **I don't care who** he sleeps with.

A: I don't like the way you designed this. 너 디자인한게 맘에 안 들어.
B: Bite me. **I don't care what** you think. 배째. 네 생각은 알바 아냐.

무슨 일이 생겨도 난 괜찮아. **It doesn't matter to** me what happens.

어쨌든 난 상관없어. **It doesn't matter** anyway.

네가 뭘 하든 상관없어. **It doesn't matter to** me what you do.

A: When do you want to get together to talk about it?
언제 만나 그 얘기 할까?
B: **It doesn't matter to me.** 나는 상관없어.

PATTERN 03

뭔가 하고 싶은 마음이 땡길 때

...를 하고픈 생각이 들어

공식 1

I feel like ~ing

…하고 싶은 생각이 들어

I feel like
- having a cup of coffee.
  커피 한잔 생각나는데.
- going for a beer.
  맥주 한잔 하러 가고 싶은데.

공식 2

I don't feel like ~ing

…를 하고 싶은 생각이 없어

I don't feel like
- dancing. 춤추고 싶지 않아.
- doing anything.
  아무 것도 하기 싫어.

공식 3

Do you feel like ~ing?

…를 하고 싶은 생각이 드니?

Do you feel like
- going shopping?
  쇼핑하고 싶어?
- getting a drink?
  한 잔 할래?

뭔가 먹고 싶거나 뭔가 하고 싶다고 말하는 것으로 feel like 다음에 동사의 ~ing를 취하면 된다. 반대로 「…을 하고 싶지 않다」라고 말하려면 부정형 I don't feel like ~ing를 쓴다. 앞서 살펴본 바와 같이 「…한 것 같아」라는 의미의 feel like 다음에 명사나 절이 오는 구문과는 다른 의미이다.

RESTART

사워하고 싶어. **I feel like** taking a shower.

산책하고 싶어. **I feel like** going for a walk.

혼자 여행하고 싶은 생각이 들어. **I feel like** travelling alone.

A: **I feel like** having a nice cold beer right now. 지금 시원한 맥주가 당기는데.
B: I have a couple in my fridge. 냉장고에 두어 병 있어.

오늘 외출하기 싫어. **I don't feel like** going out today.

너와 얘기하고 싶지 않아. **I don't feel like** talking to you.

출근하기 싫은데. **I don't feel like** going to work.

A: We want to talk to you. 너랑 얘기 좀 하자.
B: **I don't feel like** talking today. 오늘은 말하기 싫은데.

새로운 사람 좀 만나보고 싶니? **Do you feel like** meeting some new people?

후식을 먹고 싶니? **Do you feel like** having a dessert?

극장에 가고 싶니? **Do you feel like** going to the theater?

A: **Do you feel like** shopping with me? 나랑 쇼핑하러 갈래?
B: Sure! I need to buy some new clothes. 그럼! 새 옷을 좀 사야 돼.

STEP 03 PATTERN 04

의사소통을 잘해 오해를 방지하려면

...그런 뜻은 아니었어

공식 1

I didn't mean to+동사 ...할 뜻은 아니었어

I didn't mean to
- say that.
  그렇게 말하려는 게 아니었어.
- hurt you.
  너에게 상처 줄 의도가 아니었어.

공식 2

I don't mean+명사(to+동사) ...할 생각은 없어

I don't mean
- it. 그럴 생각은 아냐
  (반대 I mean it. 진심이야)
- to offend you.
  널 기분 나쁘게 할 생각은 없어.

공식 3

Do you mean to+동사(주어+동사)?

...라는 의미니?

Do you mean
- to say I am wrong?
  내가 틀렸다고 말하려는거니?
- I am lying?
  내가 거짓말하고 있다는 뜻이니?

상대방이 오해할 수도 있는 부분을 구체적으로 말하면서 오해를 푸는 표현. I didn't mean to~다음에 오해할 수도 있는 부분을 말하거나 간단히 I didn't mean that이라고 한다. 현재형으로 I don't mean to+동사로 쓰면 (사과하면서) 「…할 생각은 없어」라는 뜻.

RESTART

폐를 끼치려는게 아니었어. **I didn't mean to** bother you.

너에게 거짓말하려고 했던게 아니었어. **I didn't mean to** lie to you.

널 방해하려고 한게 아닌데. **I didn't mean to** interrupt you.

A: How could you do this to me? 어떻게 내게 그럴 수 있어?
B: I really **didn't mean to** make you miserable. 널 비참하게 하려고 한 건 아냐.

말을 끊으려고 하는 것은 아냐. **I don't mean to** cut you off.

무례할 생각은 없어. **I don't mean to** be rude.

불평할 생각은 없어. **I don't mean to** complain anything.

A: Here is something for you to eat. 여기 먹을 것이 좀 있어.
B: Thanks. **I don't mean to** cause extra work. 고마워. 번거롭게 하고 싶지는 않아.

내가 초대받지 못했단 말이야? **Do you mean to** tell me I wasn't invited?

나한테 고별인사를 하는거야? **Do you mean to** say good-bye to me?

우리가 헤어져야 한다는 말이야? **Do you mean** we should break up?

A: **Do you mean** you will get divorced? 너 이혼할거라는 말이니?
B: Unfortunately, yes. 불행하게도 그래.

STEP 03 PATTERN 05

자기가 말하는 소식을 어디서 봤는지 말할 때

...에서 읽었어(봤어)

공식 1

I read in the paper 주어+동사

신문에서 …를 읽었어

I read in the paper
- prices will go up.
  물가가 오를거라는 기사를 읽었어.
- Jill got married.
  질이 결혼했다는 기사를 읽었어.

공식 2

I saw on the news 주어+동사

뉴스에서 …를 봤어

I saw on the news
- election is coming.
  선거가 다가온다는 뉴스를 봤어.
- earthquake hit Japan.
  지진이 일본을 덮쳤다는 뉴스를 봤어.

공식 3

I found something on the Internet

…을 인터넷에서 봤어

I found
- the cheap item on the Internet.
  인터넷에서 값싼 품목을 찾았어.
- Mentors website on the Internet.
  멘토스 웹 사이트를 인터넷에서 찾았어.

뉴스나 인터넷 등 정보매체에서 접한 정보를 전달할 때 사용하는 구문들. 「신문에서 …을 봤다」고 할 때는 I read in the newspaper that 주어+동사, 「TV뉴스에서 봤다」고 할 때는 I saw in the news that 주어+동사 그리고 「인터넷에서 접한 소식」은 I found sth on the Internet이라고 하면 된다.

RESTART

경기가 나빠지고 있다는 기사를 읽었어. **I read in the paper** the economy is getting worse.

식료품가격이 인상될거라는 기사를 읽었어. **I read in the paper** food prices will rise.

A: **I read in the paper** that the police caught the serial killer.
경찰이 연쇄살인범을 잡았다는 기사를 읽었어.
B: Good. I feel safer hearing that. 그 소식을 들으니 다소 안심이 되네.

또 기차가 탈선했다는 뉴스를 봤어. **I saw on the news** the train derailed again.

학교들이 문을 닫을 거라는 뉴스를 봤어. **I saw on the news** schools will be closed.

A: Why are you joining a gym? 왜 체육관에 가입하려고 해?
B: **I saw on the news** exercise builds muscles.
운동하면 근육이 생긴다는 뉴스를 봤어.

난 그 정보를 인터넷에서 찾았어. **I found** the information **on the Internet.**

난 인터넷으로 거의 모든 것을 찾아내. **I find** almost everything **on the Internet.**

A: **I found** something useful **on the Internet** for our report.
우리 보고서에 도움이 되는 걸 인터넷에서 찾았어.
B: What information did you get? 어떤 정보를 얻었는데?

STEP 03 PATTERN 06

특히 '머니'가 '마니'없을 때

...할 여력이 없어

공식 1

I can't afford+명사 …의 여력이 없어

I can't afford a lawyer. 변호사를 댈 여유가 없어.
I can't afford a new car. 새 차를 살 여력이 없어.

공식 2

I can't afford to+동사 …할 여력이 없어

I can't afford to eat there. 거기서 먹을 여력이 안 돼.
I can't afford to buy a new house. 새 집을 살 여력이 없어.

공식 3

Can you afford to+동사? …할 여유가 있니?

Can you afford to go on a vacation? 휴가를 갈 여유가 있니?
Can you afford to live in that apartmen 저 아파트에 살 여유가 있니?

I can[can't] afford+명사 혹은 I can[can't] afford to+동사라고 하면 된다. 또한 afford는 꼭 돈에 관련되어서 쓰이는 것은 아니다. 예로 "이 환자는 이 정도 혈액을 잃으면 안 돼"라고 할 때도 afford 를 써서 She can't afford to lose this much blood 라 할 수 있다.

RESTART

난 요트를 살 여유가 없어. **I can't afford** a yacht.

난 골프 여행을 할 여유가 없어. **I can't afford** a golfing trip.

난 유럽 여행을 갈 여유가 없어. **I can't afford** a trip to Europe.

A: Can you pay for dinner? 저녁값 내줄래?
B: No. **I can't afford** it. 아니, 여유가 없어.

난 뉴욕 여행을 갈 여력이 없어. **I can't afford to** take a trip to New York.

더 이상 여기서 살 여력이 없어. **We can't afford to** live here anymore.

직원을 더 뽑을 여력이 없어. **I can't afford to** hire more workers.

A: **I can't afford to** buy a new coat. 난 새 코트를 살 여유가 없어.
B: I can give one of my coats. 내 코트 한 벌을 줄 수 있어.

예산은 얼마쯤 잡고 계시는데요? How much **can you afford to** spend?

저 반지를 살 여유가 있니? **Can you afford to** buy that ring?

새 휴대폰을 구입할 여유가 있니? **Can you afford to** get a new cellular phone?

A: **Can you afford to** go on vacation? 휴가 갈 여력이 있니?
B: No, I will have to stay home this year. 아니, 금년에는 집에 있어야 할거야.

STEP 03 PATTERN 07

뭔가 목빠지도록 학수고대할 때

...가 몹시 기다려져(기대돼)

공식 1

I'm looking forward to+명사

…하기를 정말 기대해

I'm looking forward to
- the date.
  데이트가 무지 기다려져.
- my vacation.
  방학이 무척 기다려져.

공식 2

I'm looking forward to+~ing

…하기를 기대하고 있어

I'm looking forward to
- seeing you soon.
  곧 만나기를 기대하고 있어.
- working with you.
  너랑 함께 무척 일하고 싶어.

공식 3

I look forward to+명사(~ing)

…하기를 정말 기대해

We look forward to
- Christmas.
  우린 크리스마스를 정말 기대해.
- travelling abroad.
  해외여행이 정말 기다려져.

I'm looking forward to~는 「…하기를 몹시 기대하다, 바라다」라는 뜻으로 다음에는 명사나 동사의 ~ing형이 와야 한다. 특히 I'm looking forward to hearing from you soon은 "곧 답장 바랍니다"라는 의미로 편지나 이메일의 결구로 많이 쓰인다.

RESTART

토요일 밤이 기다려져. **I'm really looking forward to** Saturday night.

그게 몹시 기다려져 **I'm looking forward to** it[this, that].

영어 수업이 무척 기다려져. **I'm looking forward to** English class.

> A: **I'm looking forward to** our vacation. 휴가가 무척 기다려져.
> B: We should have a great time. 재미있을거야.

곧 네 소식을 듣기를 고대해. **I'm looking forward to** hearing from you soon.

걜 만나길 정말 기다리고 있었어. **I was** really **looking forward to** meeting her.

> A: **I'm looking forward to** getting to know you. 널 빨리 알게 되고 싶어.
> B: Take it easy. We have a lot of time. 서두르지마. 우리 시간이 많잖아.

너랑 곧 만나기를 고대하고 있어. **I look forward to** meeting with you soon.

네 답변을 기다리고 있어. **I look forward to** your response.

우린 기대하는 뭔가가 있었어. We had something to **look forward to.**

> A: I promise to send you a postcard. 너에게 엽서 꼭 보낼게.
> B: **I look forward to** receiving it. 엽서 받을 날만 기다릴게.

STEP 03

PATTERN 08

어쩔 수 없이 뭔가 해야되는 상황을 말할 때

...하지 않을 수 없어

공식 1

I can't help ~ing

…하지 않을 수 없어

I can't help
- being cautious. 조심할 수밖에 없어.
- loving that girl. 저 여자애를 사랑하지 않을 수 없어.

공식 2

I can't help but+동사

…하지 않을 수 없어

I can't help but
- give up. 포기하지 않을 수 없어.
- think about Lisa. 리사에 대해 생각하지 않을 수 없어.

공식 3

I have no choice but to+동사

…하지 않을 수 없어

I have no choice but to
- do that. 그러지 않을 수 없어.
- borrow money. 돈을 빌리지 않을 수가 없어.

나도 어쩔 수 없는 상황임을 말할 때 쓰는 표현으로 간단히 I can't help it이라고 할 수도 있고 어쩔 수 없이 하게 되는 일을 구체적으로 말하려면 I can't help but+V 혹은 I can't help~ ing 형태를 사용하면 된다.

RESTART

정직하지 않을 수가 없어. **I can't help** being honest.

포커 게임을 하지 않을 수가 없어. **I can't help** playing poker game.

A: **I can't help** playing computer games every day.
매일 컴퓨터 게임을 하지 않을 수 없어.

B: That means you have no time to study.
그 얘긴 곧 공부할 시간이 없다는 얘기구만.

의아해 하지 않을 수 없었어. **I couldn't help but** wonder.

그러지 않을 수 없어. **I can't help but** do that.

죄의식을 좀 느끼지 않을 수 없어. **I can't help but** feel a little guilty.

A: **I couldn't help but** support my son. 내 아들을 도와 줄 수밖에 없었어.

B: If I were you, I would do the same. 나도 너같이 했을거야.

난 영어를 공부할 수밖에 없었어. **I had no choice but to** learn English.

갠 이혼할 수밖에 없었어. **She had no choice but to** get divorced.

우린 그걸 받아들일 수밖에 없었어. **We had no choice but to** accept it.

A: I heard you owe a lot of money. 너 빚이 많다고 들었어.

B: Yes, **I have no choice but** to borrow it from my dad.
응, 아버지한테 빌릴 수밖에 없어.

STEP 03

PATTERN 09

상대방에게 경고나 주의를 할 때

넌 ...한 걸 후회할거야

공식 1

You will be sorry about+~ing(for+명사)

너 …한거 후회할거야

You'll be sorry about
- teasing me.
  날 놀린 걸 후회하게 될거야.
- your behavior.
  네 행동에 대해 후회할거야.

공식 2

You will be sorry if 주어+동사

너 …하면 후회할거야

You'll be sorry if
- you don't go to university.
  대학 안 가면 후회하게 될거야.
- you buy the expensive car.
  저 비싼 차를 사면 후회할거야.

공식 3

You will regret+명사(if 주어+동사)

…를 후회하게 될거야

You will regret
- your bad habits.
  너의 악습에 대해 후회하게 될거야.
- your bad behavior.
  너의 나쁜 행동에 대해 후회할거야.

상대방에게 경고나 주의를 줄 때 사용하는 표현. You'll be sorry about~ 혹은 You'll be sorry if 주어+동사의 형태로 쓰이며 about 이나 if 이하에 하면 안 되는 행동을 말하면 된다.

RESTART

넌 이 일로 후회하게 될거야. **You will be sorry** for this.

과음하면 후회하게 될거야. **You'll be sorry about** drinking too much.

그 소문을 퍼트린 걸 후회하게 될거야. **You'll be sorry about** spreading that gossip.

A: **You'll be sorry about** breaking my new cell phone.
내 새 핸드폰 망가트린거 후회하게 될거야.

B: Come on, I already apologized to you for that.
이봐, 그 때문에 벌써 사과했잖아.

내 제안을 거절하면 후회할거야. **You will be sorry if** you reject my offer.

열심히 공부하지 않으면 후회하게 될거야. **You'll be sorry if** you don't study hard.

그 기회를 잡지 않으면 후회하게 될거야. **You'll be sorry if** you don't take the chance.

A: **You'll be sorry if** you don't prepare for the test.
시험 준비를 하지 않으면 후회하게 될거야.

B: Are you saying that I should study? 내가 공부해야 된다고 말하는거야?

그걸 후회할거야. **You will regret** it.

네 결정에 대해 후회하게 될거야. **You will regret** your decision.

돌아오지 않으면 후회할거야. **You will regret** if you don't come back.

A: **You will regret** someday if you don't save money.
돈을 절약하지 않으면 언젠가 후회하게 될거야.

B: Don't worry. I will continue to make money. 걱정마. 계속해서 돈을 벌 테니까.

STEP 03

PATTERN 10

이루어지지 않은 희망사항을 아쉬워하며

...라면 좋을텐데

공식 1

I wish 주어+과거동사

…라면 좋을 텐데

I wish

I had a lot of money.
돈이 많았으면 좋겠어.

I could stay longer.
더 남아 있으면 좋을 텐데.

공식 2

I wish 주어+had+pp

…을 했었더라면 좋았을 텐데

I wish

it had never happened.
그 일이 생기지 않았으면 좋았을 텐데.

I had never met you.
널 안 만났더라면 좋았을 텐데.

공식 3

I wish I could, but 주어+동사

그러고 싶지만,

I wish

I could, but I can't go.
가고 싶지만 갈 수가 없어.

I could come, but I'm busy.
가고 싶지만, 바빠.

현실과 반대되는 소망을 말할 때는 I wish 주어+동사로 표현하면 된다. 먼저 I wish 주어+과거동사는 「현재와 반대되는 사실」을, I wish 주어+과거완료(had+pp)는 「과거와 반대되는 사실」을 각각 말하는 표현법이다.

RESTART

여자 친구가 있었으면 좋겠어. **I wish I had a girlfriend.**

마이크가 여기 있으면 좋을 텐데. **I wish Mike were here.**

내가 가지 않아도 되면 좋을 텐데. **I wish I didn't have to go.**

A: So John, do you have a job yet? 그래, 존, 이제 직장은 구했니?
B: **I wish** I did, Grace. 나도 구했으면 좋겠다, 그레이스.

너와 결혼했더라면 좋았을 텐데. **I wish I had been married to you.**

그러지 않았더라면 좋았을 텐데. **I wish I hadn't done that.**

일을 달리 처리했더라면 좋았을 텐데. **I wish I had done things differently.**

A: I heard you were drunk and broke a window yesterday.
듣자하니 너 어제 취해서 창문을 깼다면서.
B: Yeah. **I wish** I hadn't done that. 그러지 않았더라면 좋았을 것을.

도와주고 싶지만 그럴 수가 없어. **I wish I could help you, but I can't.**

가고 싶지만, 금요일은 바빠. **I wish I could come, but I'm busy on Friday.**

그러고 싶지만 안 돼. 많이 바빠서. **I wish I could but I can't. I'm quite busy.**

A: Can you help me move this weekend? 이번 주말에 이사하는거 도와줄래?
B: **I wish I could** help you, but I can't. 도와주고 싶지만 그럴 수가 없어

STEP 03

PATTERN 11

궁금증을 풀고 싶을 때

...인지 궁금해(...일까?)

공식 1

I wonder 의문사+주어+동사 ...인지 궁금해

I wonder if
- you really like it.
  네가 그걸 정말 좋아할지 모르겠어.
- she is still angry with me.
  걔가 아직도 나한테 화나 있는지 모르겠어.

공식 2

I was wondering if 주어+동사 ...해도 될까

I was wondering if
- I could take tomorrow off.
  내일 쉬어도 돼요?
- I could ask you something.
  뭐 좀 물어봐도 될까요?

공식 3

No wonder 주어+동사 ...하는게 당연하지

No wonder
- they are surprised.
  걔들이 놀라는 것도 당연해.
- they are getting fat.
  걔들이 그렇게 살찔 만도 하군.

정말 몰라서 궁금한 내용을 말할 때는 I wonder[was wondering] 주어+동사를 사용하면 된다. 특히 I wonder[was wondering] if S+could[would]~ 의 경우에는 궁금하다라기 보다는 상대방에게 공손하게 「부탁」하는 문장으로도 쓰인다는 점을 주의해야 한다.

RESTART

우리가 다시 만날 수 있을까. **I wonder if** we can meet again.

걔가 왜 나랑 헤어졌는지 모르겠어. **I wonder why** she broke up with me.

우리가 다음달 모일 수 있을까. **I wonder if** we can get together next month.

A: **I wonder if** the boss is still angry with me.
사장이 아직도 내게 화나 있는지 모르겠어요.

B: He seems to be in a good mood today. 오늘 보니까 기분이 좋은 것 같던데요.

내 부탁하나 들어줄 수 있을까. **I was wondering if** you could do me a favor.

날 도와줄 수 있으세요? **I was wondering if** you could help me.

네가 이걸 비밀로 해줄 수 있을까? **I was wondering if** you kept it secret.

A: **I was wondering if** I could take tomorrow off. 내일 쉬어도 돼요?

B: Well, I guess it would be OK to miss one day of work.
어, 하루 결근해도 될 것 같아.

네가 피곤한 것도 당연하지. **No wonder** you are tired.

네가 걔를 미워하는게 당연해. **No wonder** you hate him.

걔들이 항상 늦는게 당연해. **No wonder** they are always late.

A: The Smiths just got back from vacation.
스미스네 가족이 휴가를 끝내고 막 돌아왔어요.

B: **No wonder** they're so tanned. 그 사람들이 그렇게 그을릴 만도 하군요.

STEP 03

PATTERN 12

말 안듣는 상대방에게 뭐라고 할 때

…라고 했잖아

공식 1

I told you to+동사 내가 …라고 했잖아

I told you to
- leave me. 날 떠나라고 했잖아.
- do that! 그거 하라고 했잖아!

공식 2

I told you 주어+동사 내가 …하다고 했잖아

I told you
- I didn't know it. 내가 모른다고 했잖아.
- it was impossible. 그건 불가능하다고 말했잖아.

공식 3

You told me 주어+동사 네가 …라고 했잖아

You told me
- you finished the work. 네가 일을 끝냈다고 했잖아.
- you were going to buy lunch. 네가 점심 산다고 했잖아.

말귀를 못 알아듣는 상대방에게 혹은 말을 잘 안 듣는 상대방에게 쓸 수 있는 표현으로 "내가 …라고 말했잖아" (그런데 왜 말을 안 들어?)라는 뉘앙스의 표현. I told you that 주어+동사, 혹은 I told you to+동사라 하면 된다. 좀 점잖게 I thought I told you~ (…라고 말한 것 같은데)라고 해도 된다.

RESTART

전에 내가 말했잖아. **I told you before.**

그러지 말라고 했잖아! **I told you not to do that!**

거기 가지 말라고 했잖아! **I told you not to go down there!**

A: What should I do? I got her pregnant. 어떻게 해야하지? 걔를 임신시켰어.
B: I knew it. **I told you to** use a condom. 그럴 줄 알았어. 콘돔 쓰라고 했잖아.

어려울 거라고 말했잖아. **I told you it would be difficult.**

일찍 일어나라고 했잖아. **I told you you wake up early.**

걔가 그러지 않았다고 했잖아. **I told you he didn't do it.**

A: I can't believe it! I did it! I rode a horse! 믿겨지지 않아! 내가 해냈어! 말을 탔다고!
B: See? **I told you** it was possible. 거봐? 할 수 있다고 했잖아.

네가 할 수 있다고 말했잖아. **You told me you can do it.**

네가 운전할 수 있다고 말했잖아. **You told me you can drive.**

네가 거기 가봤다고 말했잖아. **You told me you've been there.**

A: How can I finish the project by tomorrow?
내일까지 어떻게 프로젝트를 끝낼 수 있니?
B: **You told me** you can do it. 네가 할 수 있다고 말했잖아.

PATTERN 13

자기가 잘못 생각하고 있었다고 말할 때

...한 줄 알았어

공식 1

I thought 주어+동사

…한 줄 알았어

I thought
- you knew it. 네가 알고 있는줄 알았어.
- you were on my side. 난 네가 내 편인 줄 알았어.

공식 2

I thought I told you to+동사

내가 …말한 것 같은데

I thought I told you
- to come. 오라고 한 것 같은데.
- to go to bed. 가서 자라고 말한 것 같은데.

공식 3

I thought you said 주어+동사

네가 …라고 말한 줄 알았어

I thought
- you said it was okay. 네가 괜찮다고 말한 줄 알았는데.
- you broke up with her. 네가 걔랑 헤어졌다고 말한 줄 알았는데.

자기가 잘못 생각하고 있었다고 말하려면 주로 I thought S+V 형태를 사용한다. 그렇게 생각했지만 실제는 그렇지 않다는 뉘앙스. 하지만 그냥 단순히 「…라고 생각했다」라는 의미로도 쓰이는데 예를 들어 I thought last night was great라고 하면 "지난밤은 정말 좋았다고 생각해"라는 말이 된다.

RESTART

네가 날 좋아하는 줄 알았어. **I thought** you liked me.

네가 떠나는 줄 알았어. **I thought** you were leaving.

하루 쉬는지 알았어. **I thought** you had the day off.

A: **I thought** you were in trouble. 너희들 어려움에 처한 줄 알았는데.
B: Well, we're not. 어, 아냐.

약속을 지키라고 말한 것 같은데. **I thought I told you** to keep your promise.

과거를 돌아보지 말라고 말한 것 같은데. **I thought I told you** not to look back.

랜디를 만나보라고 네 말한 것 같은데. **I thought you told** me to meet Randy.

A: **I thought I told you** to get out of here. 나가라고 말했던 건 같은데.
B: You did, but I don't want to. 그랬지, 하지만 싫은 걸.

그게 안전하다고 말한 줄 알았는데. **I thought** you said it was safe.

여기서 날 만나자고 한 줄 알았어. **I thought** you said you are going to meet me here.

A: You did tell an awful lot of jokes. 넌 아주 끔찍한 조크를 해.
B: **I thought you said** those jokes were funny. 네가 재미있다고 말한 걸로 아는데.

STEP 03

PATTERN 14

타의에 의해 어떤 상태나 행위를 하게 될 때

...하게 만들어(...하게 해)

공식 1

make+somebody+형용사 …을 …하게 하다

You made me proud. 넌 날 자랑스럽게 해줘.

Don't make me unhappy. 날 불행하게 하지마.

공식 2

make+somebody+동사 …하게 만들다

You made her cry! 네가 걔를 울렸어!

Don't make me laugh. 웃기지마.

공식 3

You make me feel+형용사 너 때문에 기분이 …해

You make me feel much better.
네 덕분에 기분이 한결 낫구나.

Don't make me feel bad. 나 기분 나쁘게 하지마.

강제성이 가장 강한 make를 활용한다. 먼저 make+목적어+형용사[pp]하게 되면 「목적어를 …하게 만들다」, 또한 make+사람+동사원형 형태로 「사람을 강제로 …하게 만들다」라는 표현도 많이 쓰인다.

RESTART

네가 있어 행복해. **You make me happy.**

구역질 나. **They make me sick.**

뭐가 날 열받게 하는지 알아? **You know what makes me mad?**

A: Living with you would **make me happy.** 너랑 살면 행복할 텐데.
B: That isn't going to be possible! 꿈도 꾸지마!

웃기지마! **Don't make me laugh!**

걔 땜에 항상 웃게 돼. **She always makes me laugh.**

걔 땜에 그걸 믿게 되었어. **He made me believe that.**

A: Don't **make me do** anything that I'll regret. 내가 후회할 일은 하게 하지 말아줘.
B: It will be up to you. 너 하기 나름이지.

나 기분 나쁘게 하지마. **Don't make me feel bad.**

그 소리를 들으니 기분이 좋군. **That makes me feel so good.**

이거 마셔. 기분이 좋아질거야. **Drink this. It'll make you feel better.**

A: I regret the day I met you. 널 만난 날이 후회된다.
B: Why are you trying to **make me feel bad?** 왜 날 기분 나쁘게 만드는 거야?

STEP 03 PATTERN 15

상대방에게 무슨 일이 일어났을 때

...가 무슨 일이야?(...가 왜 그래?)

공식 1

What's the matter with+명사?

…가 무슨 일이야?

What's the matter with you? 무슨 일이야?
What's the matter with him? 걔한테 무슨 일이 있어?

공식 2

What's wrong with+명사?

…가 무슨 일이야?

What's wrong with you? 너한테 무슨 일이 있니?
What's wrong with your car? 네 차 뭐가 문제야?

공식 3

What happened to+명사?

…가 어떻게 된거야?

What happened to your date? 너 데이트 어떻게 된거야?
What happened to your parents? 네 부모님 어떻게 된거야?

What is[are]+명사~ ?구문의 일종으로 상대방에게 무슨 일이 있었는지 관심을 갖고 물어볼 때는 What's the matter with~, What's wrong with~ 그리고 What happened to~를 쓰면 된다. 이때 걱정되는 대상이나 사람은 with나 to 이하에 적으면 된다.

RESTART

무슨 일이야? 괜찮아? **What's the matter with** you? Are you okay?

걔 가족에 무슨 일이 있니? **What's the matter with** his family?

회사에 무슨 일이 있니? **What's the matter with** the company?

A: You look pale today. **What's the matter with** you?
너 오늘 창백해 보여. 무슨 일이니?
B: I don't feel up to talking about it. 말하고 싶지 않아.

너 오늘 밤 왜 그래? **What's wrong with** you tonight?

그게 뭐가 잘못된거야? **What's wrong with** it?

내가 입고 있는 옷이 뭐 잘못됐어? **What's wrong with** what I'm wearing?

A: **What's wrong with** you? Why are you so angry?
무슨 일 있었니? 왜 그렇게 화가 났니?
B: Just get away from me! 날 좀 내버려둬!

무슨 일인지 내게 말해봐? Can you tell me **what happened?**

걔한테 무슨 일이 있는거야? **What happened** to her?

무슨 일인지 말해 봐. Why don't you tell me **what happened.**

A: **What happened** between you and David? 너하고 데이빗하고 무슨 일이 생겼니?
B: We finally decided to break up with each other.
드디어 서로 헤어지기로 결정했어.

PATTERN 16

상대방 말을 다시 확인하고자 할 때

...가 무슨 소리야

공식 1

What do you mean (by) (+상대방이 한 말)?

(…가) 무슨 의미야?

What do you mean
- too late?
  너무 늦었다니 그게 무슨 말이야?
- you can't love her?
  걜 사랑할 수 없단 말이 무슨 뜻이야?

공식 2

You mean, 상대방이 한말?

…란 말이야?

You mean,
- you and me?
  네 말은 너와 나랑 말이야?
- you're not going to come over?
  못 온다는 말이지?

공식 3

I mean, ~

…란 말이야

I mean,
- I'm getting married next week.
  내 말은 말이야, 다음 주 나 결혼한다고.
- she's just a friend.
  내 말은 걘 그냥 친구라고.

상대방 말의 진의를 파악하고자 할 때 혹은 상대방 말에 화가 나서 쓰는 표현. 실제 회화에서는 보통 What do you mean?이라고 간단히 말하거나 What do you mean~다음에 주어+동사의 문장 형태, 혹은 아래 예문인 What do you mean, comforted her? 처럼 납득이 안가는 어구만 받아서 쓴다.

RESTART

그걸 못하겠다는게 무슨 말이야? **What do you mean**, you can't do that?

확실하지 않다니 무슨 말이야? **What do you mean** you're not so sure?

네가 못 온다니 그게 무슨 말이야? **What do you mean** you're not coming?

A: You gained some weight? 너 살 좀 쪘구나?
B: **What do you mean** by that? Am I fat? 그게 무슨 말이야? 내가 뚱뚱하다고?

걔가 해고됐단 말야? **You mean** she got fired?

못 온다는 말이지? **You mean** you're not going to come over?

지금 사귀는 사람이 없다는 말야? So **you mean** now you're not seeing anyone?

A: Did you see that chick that just came in? 야, 방금 들어온 그 여자애 봤니?
B: **You mean** the one with the blond hair? 금발인 애 말이야?

너무 불공평하다는 말이야! **I mean,** this is so unfair!

내 말은, 그거 말도 안 되지 않아? **I mean,** is that ridiculous?

내 말은, 그건 그냥 키스야, 알아? **I mean,** it was just a kiss, right?

A: **I mean,** let's be honest. 내 말은 우리 솔직해지자고.
B: Yes, let's. 그래 그렇게 하자.

STEP 03

PATTERN 17

상대방이 원하는 것을 구체적으로 물어볼 때

...하고 싶은거야?

공식 1

What do you want for+명사?

…때 뭘 갖고 싶어?

What do you want for your birthday?
생일 때 뭐 갖고 싶어?

What do you want for the birthday party?
생일파티에 뭘 원하니?

공식 2

What do you want to+동사?

뭘 …하고 싶은거야?

What do you want to know? 뭘 알고 싶어?

What do you want to say? 무슨 말 하고 싶어?

공식 3

What do you want me to+동사?

내가 뭘 …하길 바래?

What do you want me to do?
내가 뭘 해주기 바래?

What do you want me to say?
무슨 말을 듣기 원해?

What do you want~?라 하면 된다. 한편 What do you want me to+동사?는 want 다음에 to do의 의미상 주어인 me 가 나온 경우로 「상대방에게 뭘 원하냐」고 물어보는 것이 아니라 「내가 뭘 하기를 네가 원하냐」고 물어보는 표현이다.

RESTART

크리스마스에 뭘 갖고 싶니? **What do you want for** Christmas?

오늘 점심은 뭘 할까? **What do you want for** lunch today?

오늘밤 저녁은 뭐로 할까? **What do you want for** dinner tonight?

A: **What do you want for** your birthday? 생일 때 뭘 갖고 싶니?
B: I'd like a nice notebook computer. 좋은 노트북을 원해.

무슨 얘기하고 싶은거야? **What do you want to** talk about?

제일 먼저 뭐하고 싶어? **What do you want to** do first?

그거 어떻게 하고 싶어? **What do you want to** do with it?

A: **What do you want to** do about it? 그 일에 대해 어떻게 하고 싶어?
B: Let's just wait and see what happens. 어떻게 되는지 일단 두고 보자.

그것에 대해 무슨 말을 듣고 싶은데? **What do you want me to** say about it?

내가 너한테 뭘 도와주면 되는데? **What do you want me to** help you?

내가 그것에 대해 뭘 해주길 바라는데? **What do you want me to** do about it?

A: Can I ask you for a big favor? 큰 부탁 하나 할 수 있을까?
B: Maybe. **What do you want me to** do? 글쎄. 내가 뭘 해주길 원하는데?

STEP 03

PATTERN 18

상대에게 과거에 뭘했는지 물어볼 때

뭘 ...한거야?

공식 1

What did you+동사? 뭘 …한거야?

What did you do? 뭘 한거야?
What did you buy? 뭐 샀어?

공식 2

What did you do with[to]+명사?

…를 어떻게 한거야?

What did you do with it? 그거 어떻게 했어?
What did you do with my book? 내 책을 어떻게 했어?

공식 3

What did you think of[about]~?

…를 어떻게 생각했어?

What did you think of him? 걔에 대해 어떻게 생각했니?
What did you think about it? 그것에 대해 어떻게 생각했니?

이번에는 시제가 과거인 경우로 회화에서 많이 쓰이는 과거형은 동사 do, say, 그리고 think을 이용한 경우이다. What did you do ~?, What did you say~? 그리고 지나간 일에 대한 상대방의 의견을 묻는 것으로 What did you think of ~? 등이다.

RESTART

뭐라고 말했어? **What did you** say?

뭘 공부했니? **What did you** study?

걔에게 뭘 사줬어? **What did you** get for her?

A: **What did you** do last Friday evening? 금요일 밤에 뭐 했어?
B: I went to the theater with my boyfriend. 남자친구랑 극장에 갔었어.

그 돈으로 뭐했어? **What did you do with** the money?

그거 어떻게 했어? **What did you do with** it?

아스피린 어떻게 했어? **What did you do with** the aspirin?

A: **What did you do with** my history book? 내 역사책 어떻게 했어?
B: I put it on the shelf above the desk. 책상 위쪽 선반에 놓았어.

내가 뭘 할거라 생각했어? **What did you think** I was going to do?

그 영화 어떻게 생각했어? **What did you think** of the film?

그 연설에 대해 어떻게 생각했어? **What did you think** of the speech?

A: **What did you think** of the soccer game last night?
어젯밤 축구 경기 어땠어요?
B: Oh, I didn't see it. 어, 안 봤는데요.

STEP 03

PATTERN 19

상대방에게 뭔가 해줄게 있는지 물어볼 때

...를 해드릴까요?

공식 1

What can I+동사? 뭘 …해줄까요?

What can I
- order for you? 뭘 주문하시겠습니까?
- help you with? 무엇을 도와 드릴까요?

공식 2

What can I do to+동사? …를 위해 뭘 해줄까?

What can I do to
- help you? 널 도와주려면 어떻게 해야 해?
- know you? 널 알려면 어떻게 해야 해?

공식 3

What[Where] can I get+명사?

…를 어디에서 찾죠?

- What can I get you? 뭘 갖다 줄까?
- Where can I get a taxi? 택시를 어디서 잡죠?

What can I+동사~?형태로 쓰면 되고 특히 식당주문, 옷 고르기 등 손님에게 도움을 주고자 할 때 쓰는 전형적인 표현. 관용표현으로 What can I do?는 "내가 (달리) 어쩌겠어?," What can I say?는 "나더러 어쩌라는거야," 그리고 What can I tell you?는 "뭐라고 해야 하나?"라는 의미이다.

RESTART

무엇을 해드릴까요? **What can I** do for you?

어쩌겠어요? **What can I** say?

오늘 뭘 도와 드릴까요? **What can I** help you today?

A: **What can I** do for you? 뭘 도와드릴까요?
B: Can I have a menu first? 먼저 메뉴 좀 주세요.

확실하게 하려면 어떡하면 될까? **What can I do to** make sure?

그걸 예방하려면 뭘 하면 될까? **What can I do to** prevent it?

걜 도와주려면 뭘 하면 될까? **What can I do to** help her?

A: **What can I do** to make it up to you? 어떻게 하면 이 실수를 만회할 수 있을까요?
B: Nothing, just don't do it again. 아무것도 필요 없어요. 다시 그러지 않기만 하면 돼요.

(남성 손님들에게) 뭘 드릴까요? **What can I get** you boys[guys]?

걔 생일선물로 뭘 줄까? **What can I get** her for birthday present?

어떻게 하면 오해를 풀 수 있을까? **How can I get** things straight?

A: **Where can I** get a taxi? 택시를 어디서 잡죠?
B: There is a taxi stand close to here. 여기서 가까운 택시 승차장이 있어요.

STEP 03

PATTERN 20

상대방의 행동에 대한 이유를 물어볼 때

왜 ...하는거야?

공식 1

What makes you so sure 주어+동사?

어떻게 …을 그렇게 확신해?

What makes you so sure
- you are right? 네가 옳다고 어떻게 그렇게 확신해?
- he'll come back? 걔가 돌아올 걸 어떻게 확신해?

공식 2

What makes you+동사? 왜 …하는거야?

What makes you
- think so? 왜 그렇게 생각해?
- think she did that? 어째서 걔가 그랬다는거야?

공식 3

What brings you to+장소? 무슨 일로 …에 온거야?

What brings you
- here? 무슨 일로 온거야?
- to the hospital? 무슨 일로 병원에 왔어?

"무엇(What)이 너(you)로 하여금「…하게 만들었나?」라는 공식을 연습해본다. make+사람+동사를 활용한 표현으로 형식은 What으로 시작했지만 내용은 이유를 묻는 말로 Why do you+V?와 같은 의미가 된다.

RESTART

어떻게 그것에 대해 그렇게 확신해? **What makes you so sure** about that?

내가 틀렸다고 어떻게 그렇게 확신해? **What makes you so sure** I am wrong?

걔가 용의자라고 어떻게 그렇게 확신해? **What makes you so sure** he is a suspect?

A: **What makes you so sure** he is gone?
걔가 떠나버렸다고 어떻게 그렇게 확신하니?
B: I saw him leave the building earlier. 걔가 일찍 빌딩에서 나가는 걸 봤거든.

왜 차이가 있다고 생각하는거야? **What makes you** think there's a difference?

왜 네가 스마트하다고 생각하는거야? **What makes you** think you are smart?

왜 걔가 프러포즈할 거라 생각한거야? **What makes you** think he's going to propose?

A: I think he's going to leave this company.
그 사람이 이 회사를 그만둘 것 같아.
B: **What makes you** think so? 왜 그렇게 생각해?

여기까지 어쩐 일이야? **What brings you** all the way here?

무슨 일로 이 곳에 왔니? **What brings you** to this place?

웬일로 도서관에 왔니? **What brings you** to the library?

A: **What brings you** to the movies at daytime? 웬일로 낮에 극장엘 다 왔어?
B: I was bored and wanted to do something. 지루해서 뭔가 하고 싶었거든.

PATTERN 21

사람이나 상황이 어떤 상태인지 물어볼 때

...어떻게 지내?

공식 1

How's+명사? ...가 어떻게 지내?

How's your cold? 감기는 좀 어때?

How's your family? 가족들은 다 잘 지내죠?

공식 2

How is[are]+주어+~ing? ...가 어떻게 ...해?

How is it going? 어때?

How are you doing? 잘 지내니?

공식 3

How was+명사? ...가 어땠니?

How was your trip? 여행 어땠어?

How was your interview? 인터뷰 어땠어?

이때는 방식, 방법 등을 물어볼 때 사용되는 how를 사용하면 된다. 먼저 간단한 How be+ 명사? 형태부터 본다. How's it going? (어때?)와 How are you doing? (안녕?)으로 유명한 How is/are+주어+~ing? 또한 주어가 어떠냐고 물어보는 문형이다.

RESTART

네 와이프 어떻게 지내니? **How's** your wife?

가격은 어때? **How's** the price?

날씨는 어때? **How's** the weather?

A: **How's** the new secretary? 새로 온 비서 어때요?
B: She works the most efficiently of anyone.
어느 누구보다 일을 효율적으로 잘 해요.

새로운 일은 어떠니? **How's** it going with your new job?

걔 어떻게 지내? **How's** she doing?

하는 일 어때? **How's** your business going?

A: **How's** it going with your new job? 새로운 일은 어떠니?
B: I have to admit that it's pretty tough. 정말이지 상당히 힘들어.

뉴욕 여행 어땠니? **How was** your trip to New York?

그거 어땠어? **How was** that?

비행 어땠어? **How was** the flight?

A: **How was** the movie last night? 어젯밤 영화는 어땠어?
B: Not bad, but it was a little too long. 괜찮았는데, 좀 너무 길었어.

STEP 03

PATTERN 22

기가 막히고 코가 막힐 때

어떻게 ...라고 말할 수 있어?

공식 1

How can you+동사? 어떻게 …할 수가 있어?

How can you believe that?
어떻게 그걸 믿을 수 있어?

How can you do this to me?
어떻게 나한테 그럴 수 있어?

공식 2

How can you not+동사?

어떻게 …하지 않을 수가 있어?

How can you not remember?
어떻게 기억을 못해?

How can you not trust me?
어떻게 나를 안 믿을 수가 있어?

공식 3

How can you say 주어+동사?

어떻게 …라고 말할 수 있어?

How can you say you hate me?
어떻게 날 미워한다고 말할 수 있니?

How can you say you are leaving?
어떻게 떠난다고 말할 수 있니?

상대방의 어처구니없는 행동에 놀라면서 하는 말로 How can(could) you+동사? 를 쓴다. 반대로 「어떻게 …하지 않을 수 있냐?」라고 물어보려면 How can(could) you not+동사?로 하면 된다. 응용하여 How can you say (that) S+V?(어떻게 … 라고 말할 수 있어?) 라고 말할 수 있다.

RESTART

어떻게 날 이리 대할 수 있니? **How can you** treat me like this?

어떻게 그럴 수 있어? **How could you** do that?

어떻게 그렇게 확신할 수 있어? **How can you** be so sure?

A: **How can you** come here? 어떻게 여길 올 생각을 한거야?

B: **How could you not** tell me you worked here?
어떻게 여기서 일한다는 말을 안 할 수 있는거야?

어떻게 우리에게 말하지 않을 수 있어? **How could you not** tell us?

어떻게 나랑 동의하지 않을 수 있니? **How could you not** agree with me?

어떻게 우리가 키스한 걸 기억못해? **How can you not** remember us kissing?

A: I don't care what happens in the future.
난 미래 무슨 일이 생겨도 개의치 않아.

B: **How can you not** care about your future?
미래에 대해 어떻게 개의치 않을 수 있니?

상관이 없다고 어떻게 말할 수 있니? **How can you say** you don't care?

걔가 날 미워한다고 어떻게 말할 수 있니? **How can you say** she hates me?

어떻게 그게 의미 없다고 말할 수 있어? **How can you say** it is meaningless?

A: **How can you say** that you don't love me?
날 사랑하지 않는다고 어떻게 말할 수 있어?

B: It's true. I don't want to be with you anymore. 맞아. 더 이상 같이 있고 싶지 않아.

STEP 03

PATTERN 23

시간이 얼마나 걸릴지 물어볼 때

얼마나 빨리 ...해?

공식 1

How soon will+주어+동사? 얼마나 빨리 …해?

How soon will
- you return? 얼마나 빨리 돌아올거야?
- they come? 걔들이 얼마나 빨리 올까?

공식 2

How soon can+주어+동사? 얼마나 빨리 …할 수 있어?

How soon can
- it be delivered? 그게 얼마나 빨리 배달되나요?
- you finish it? 그걸 얼마나 빨리 끝날 수 있을까?

공식 3

How often do+주어+동사? 얼마나 자주 …해?

How often do
- you see her? 얼마나 자주 걔를 보니?
- they come here? 걔들이 얼마나 자주 여기에 오니?

「얼마나 빨리…해요?」라고 하려면 How+형용사로 이어지는 의문문을 이용하면 된다. How soon~?이라고 하면 되는데 이는 How often과 더불어 일상생활 영어회화에서 자주 쓰이는 구문이다. 단독으로 How soon? (얼마나 빨리?), How often? (얼마나 자주?) 으로도 많이 쓰인다.

RESTART

언제쯤 여기에 도착할 수 있죠? **How soon will** you be able to get here?

스티브가 언제쯤 올 수 있어? **How soon will** Steven come?

이 수업이 언제쯤 끝나지? **How soon** does this class finish?

A: **How soon will** you be able to get here? 언제쯤 여기에 도착할 수 있죠?
B: That depends on the traffic conditions. 그거야 교통상황에 달렸죠.

언제쯤 그걸 고칠 수 있을까? **How soon can** it be fixed?

언제쯤 그걸 끝낼 수 있을까? **How soon can** it be done?

그게 얼마나 빨리 배달되나요? **How soon can** it be delivered?

A: Japan was hit by the biggest earthquake.
일본에 사상 최대의 지진이 덮쳤어.
B: **How soon can** they be recovered? 얼마나 빨리 회복할 수 있을까?

얼마나 자주 해외여행을 하니? **How often do** you travel overseas?

얼마나 자주 이런 일이 일어나? **How often does** this happen?

얼마나 자주 걔 이야기를 해? **How often do** you talk about her?

A: **How often do** you go to the movies? 영화 얼마나 자주 보러 가니?
B: At least three or four times a year. 적어도 일 년에 서너 번 정도.

STEP 03 PATTERN 24

어떤 일이 일어나는 시점을 물어볼 때

언제 ...할거야?

공식 1

When are you ~ing? 언제 …할거야?

When are you
- coming back? 언제 돌아올거니?
- getting married? 언제 결혼할거야?

공식 2

When do you want to+동사? 언제 …하고 싶니?

When do you want to
- go? 언제 가고 싶어?
- make a decision? 너 언제 결정하고 싶은데?

공식 3

When's the last time 주어+동사?

언제 마지막으로 …했어?

When's the last time
- you saw her? 마지막으로 걜 본게 언제야?
- she was here? 걔가 마지막으로 여기 온게 언제였어?

이때는 when과 현재진행형인 be(is/are) ~ing가 결합한 형태를 쓰면 된다. When are you going to~?(언제 …할 거야?)나 When are you planning to~?(언제 … 하려고 해?) 형태의 표현이 자주 쓰이는 구문들.

RESTART

언제 내게 말할거야? **When are you going** to tell me?

언제 할건데? **When are you going** to do it?

언제 유럽 여행을 했었니? **When were you traveling** to Europe?

A: **When are you going** to ask her out? 걔한테 언제 데이트 신청할거야?
B: Tonight, but don't say anything. Okay?
오늘밤에. 하지만 아무 말도 하지마, 알았지?

언제 쉬고 싶으니? **When do you want to** take a break?

내가 언제 시작할까요? **When do you want** me **to** start?

걔를 언제 만나고 싶어? **When do you want to** meet him?

A: Okay, so **when do you want to** go shopping? 좋아, 그럼 언제 쇼핑 갈래?
B: What? Oh, I'm sorry, I can't, I'm busy. 뭐? 어 미안. 난 못가, 바빠서.

우리 마지막으로 만난 때가 언제죠? **When was the last time** we met each other?

마지막으로 영화를 본 게 언제야? **When was the last time** you saw the movies?

마지막으로 예배를 본 게 언제야? **When was the last time** you went to church?

A: **When was the last time** you went travelling?
여행을 마지막으로 간게 언제였는데?
B: I went three years ago to Holland. 3년 전에 네덜란드에 갔었지.

STEP 03

PATTERN 25

어떤 행동이 일어나는 장소를 물어볼 때

어디서 ...할까?(하고 싶니?)

공식 1

Where do you+동사? 어디서 …하니?

Where do you
- come from? 어디 출신이야?
- shop for food? 어디서 음식쇼핑을 하니?

공식 2

Where do you want to+동사?

어디서 …하고 싶니?

Where do you want to
- go? 어디를 가고 싶은데?
- fly? 어디로 여행하실 건데요?

공식 3

Where can I+동사? 어디서 …할 수 있나요?

Where can I
- wash up? 화장실이 어디죠?
- drop you? 어디에 내려줄까?

Where do you+동사?라고 하면 된다. 「어디서 …해?」라는 뜻이고 Where did you+동사?는 「어디서 …을 했어?」가 된다. 특히 「어디서 …을 하고 싶어」라는 의미의 Where do you want to+동사? 형태가 회화에서 많이 쓰인다.

RESTART

휴가를 어디서 보내세요? **Where do you spend your vacation?**

그거는 어디에 보관해? **Where do you keep it?**

어디서 머리를 깎은거야? **Where do you get your hair cut?**

A: **Where do you** live now? 지금 어디에 사니?
B: I live and work in Korea. 한국에서 살아. 직장도 거기 있고.

점심, 어디로 가고 싶어? **Where do you want to go for lunch?**

다음으로 어디 가고 싶니? **Where do you want to go next?**

어디 들리고 싶어? **Where do you want to drop by?**

A: **Where do you want to** go? 어디로 가시려고요?
B: I'm trying to find the YMCA. YMCA를 찾고 있어요.

어디서 만날까? **Where can I meet you?**

어디가야 걜 볼 수 있죠? **Where can I find her?**

걔한테 어떻게 연락할 수 있니? **Where can I reach her?**

A: **Where can I** get the train to Seattle? 시애틀로 가는 기차는 어디서 타요?
B: Go down the stairs to platform 5. 계단을 내려가서 5번 승강장으로 가세요.

STEP 03

PATTERN 26

어떤 행동을 한 사람이 누구인지 물어볼 때

누가 ...할거야?

공식 1

Who is+명사(형용사/~ing)? 누가 …야?

Who is available now? 누가 시간 있니?

Who is in charge here? 여기 누가 책임자야?

공식 2

Who is going to+동사? 누가 …할거야?

Who is going to fix it? 누가 그걸 고칠거니?

Who is going to pay for this? 누가 이거 낼거야?

공식 3

Who do you think 주어+동사? 누가 …할거라고 생각해?

Who do you think she's going to pick? 걔가 누구를 고를 것 같아?

Who do you think he's going to get married? 걔가 누구랑 결혼할 것 같아?

기본적으로 Who is[are]+명사[형용사]? 형태를 사용하면 된다. 한편 좀 복잡해 보이긴 하지만 「누가 …할 거라고 생각해?」라는 의미의 Who do you think+동사 ~?, Who do you think 주어+동사? 또한 함께 외워둔다.

RESTART

좋아하는 가수가 누구야?	**Who is** your favorite singer?
이 친구 누구야?	**Who is** this guy?
실례지만 누구신데요?	**Who's** calling, please?

A: **Who's** Randy? 랜디가 누구야?
B: You know, that guy she met at the coffeehouse.
저기, 걔가 카페에서 만난 남자.

누가 우리한테 진실을 말해줄래?	**Who is going to** tell us the truth?
비용은 누가 댈거야?	**Who's going to** cover the cost?
누가 그 경기에서 이길까?	**Who's going to** win the game?

A: **Who's going to** take care of your kids while you're away?
너 없는 동안 누가 너희 아이들을 돌봐 주게 되니?
B: My sister is going to take care of them. 우리 누나가 돌봐줄거야.

네가 도대체 뭔데?	**Who do you think** you are?
내가 누군지 아니?	**Who do you think** I am?
너 나한테 그렇게 말하면 재미없어.	**Who do you think** you're talking to?

A: **Who do you think** Jane will marry? 제인이 누구랑 결혼할 걸로 생각하니?
B: I think Bob likes her a lot. 밥이 걔를 무지 좋아한다고 생각해.

PATTERN 27

두개 이상의 것중에서 하나를 선택할 때

어느 것이 ...해?

공식 1

Which is+명사(형용사)? 어느 것이 …해?

Which is better? 어느 것이 나아?

Which is your favorite? 어느 걸 좋아해?

공식 2

Which one do you+동사? 어느 것을 …해?

Which one do you like? 어떤 걸 좋아해?

Which one do you want? 어느 것을 원해?

공식 3

Which+명사+do you+동사? 어느 것을 …해?

Which way is out? 어느 쪽이 출구인가요?

Which coat do you like best? 어느 코트를 제일 좋아해?

우리말로 「어느 것」에 해당되는 것은 which이다. Which do you like better, A or B? 하면 두 개 중 하나를 선택하라고 할 때 사용하는 문장이다. 앞부분을 조금씩 변형하여 Which is better, A or B?, Which one is better, A or B? 등으로 응용할 수 있다.

RESTART

거기 가는데 어느 쪽이 더 빠른 길이야? **Which is** faster route to get there?

어느게 내게 좋을까? **Which one is** better for me?

누가 네 새로운 남친이야? **Which one is** your new boyfriend?

A: **Which** one **is** the fragile bag? 어떤 짐이 깨지기 쉬운 거죠?
B: It's the green one. 녹색 가방이요.

어떤 걸 더 선호해? **Which one do you** prefer?

어느 걸 택했어? **Which one did you** choose?

어떤 걸 추천해? **Which one do you** recommend?

A: **Which one do you** like better, coffee or tea?
커피와 티 중에서 어떤 걸로 하실래요?
B: I want tea, please. 차로 주세요.

어떤 비행편을 탈거야? **Which** flight are you going to take?

어느 길이 더 빨라? **Which** way is shorter?

화장실이 어느 쪽에 있어? **Which** way is the bathroom?

A: **Which** way is the Sears Tower? 시어즈 타워가 어느 쪽예요?
B: It's a mile ahead, on your left hand side. 1마일 전방, 왼편에 있어요.

PATTERN 28

뭔가 가능성이 없어 보일 때

…할 방법이 없어

공식 1

There's no way to+동사 …할 방법이 없어

There's no way to find it. 그걸 찾을 길이 없어.

There's no way to take taxi. 택시를 잡을 길이 없어.

공식 2

There's no way 주어+동사 …할 방법이 없어

There's no way I can do that. 그걸 할 방도가 없어.

There's no way I can eat it all. 그걸 다 먹을 방도가 없어.

공식 3

There's no telling what+주어+동사 …를 알 방법이 없어

There's no telling what you think. 네가 뭘 생각하는지 알 수가 없어.

There's no telling where he went. 걔가 어디로 갔는지 알 수가 없어.

There's no way 주어+동사 혹은 There's no way to+동사의 형태로 쓰면 된다. 「…할 방법이 없다」, 「…할 수 있는 길이 없다」라는 뜻. 유사한 표현으로 There's no telling what[how] 주어+동사하면 「…를 알 수가 없어, 몰라」라는 뜻이다.

RESTART

알 길이 없어.	**There's no way to** tell.
이 차를 수리할 수가 없어.	**There's no way to** repair the car.
누가 남을지 결정할 방법이 없어.	**There's no way to** decide who's going to stay.

A: Will your parents be angry with your school grades?
부모님이 네 성적에 화내실까?
B: **There's no way to** tell. 알 길이 없어.

네가 설득해봤자 소용없어.	**There's no way** you can talk me into this.
네가 질 리가 없어.	**There's no way** you can lose.
걔가 성공할 리가 없어.	**There's no way** she's going to make it.

A: Is there any way to prevent earthquake? 지진을 예방할 방법이 있을까?
B: **There's no way** you can do that. 예방할 방도가 없어.

내일 일어날 일을 알 방법이 없어.	**There's no telling** what will happen tomorrow.
얼마나 오래 계속될지 몰라.	**There's no telling** how long they'll last.
걔들이 어떻게 대응할지 알 방법이 없어.	**There's no telling** how they will respond.

A: Do you think I should marry my girlfriend? 여친과 결혼해야 된다고 생각해?
B: **There's no telling.** Just see what happens in the future.
알 수 없지. 앞으로 어떻게 되나 봐.

PATTERN

29 …하는 건 처음이야

나의 경험의 유무를 말할 때

공식 1

This is my first time to+동사

…하는 건 처음이야

This is my first time to

- come here.
  여기 오는 건 처음이야.
- drive alone.
  혼자 운전하는 건 처음이야.

공식 2

It is the first time 주어+동사

…하는 건 처음이야

It was the first time

- you said that.
  네가 그렇게 말한 건 처음이었어.
- I visited there.
  그곳을 방문한 건 그때가 처음이었어.

공식 3

Is this your first time to+동사?

네가 …를 처음 해보는거니?

Is this your first time to

- do it?
  그걸 처음 해보니?
- date?
  데이트 처음 해보니?

Is this your first time to+V[that S+V]?하면 상대방에게 「…하는 것이 처음이냐?」고 물어보는 표현이고, 「…하는 것이 처음이야[아니야]」라고 하려면 It's (not) the first time to+V~[that S+V]~ 이라고 하면 된다. 또한 간단히 This is [not] my first time하면 "난 처음이야[아니야]"라는 뜻이 된다.

RESTART

내가 뉴욕을 방문한 것은 처음이야. **This is my first time to** visit New York.

걔가 처음하는 데이트야. **This is her first time to** date.

내가 인도 음식 처음 먹어보는거야. **This is my first time to** taste Indian food.

A: Have you ever fractured your leg before? 전에 다리가 부러진 적 있습니까?
B: No, **this is my first time.** 아니요, 이번이 처음이에요.

내가 사랑에 빠진게 이번이 처음이야. **It is the first time** I have ever fell in love.

걔가 내게 말한 건 처음이 아니야. **It's not the first time** he talked to me.

내가 나이트클럽에 간 건 처음이야. **This is the first time** I have gone to a nightclub.

A: **This was the first time** I visited a beach. 내가 해변에 간 건 처음이었어.
B: Really? I just love coming to see the ocean.
정말? 난 바다를 보러오는 걸 무지 좋아해.

한국 방문이 처음이니? **Is this your first time to** visit Korea?

마이클 처음 보는거야? **Is this your first time to** see Michael?

미술관 처음이니? **Is this your first time to** visit art gallery?

A: **Is this your first time to** meet a movie star?
영화배우를 만난 것이 처음이니?
B: No, I've met famous people many times. 아니, 유명인사를 많이 만났었어.

STEP 03

PATTERN 30

내가 해본 적이 있다고 말할 때

…해봤어, …했어

공식 1

I have+pp~ 명사 …했어

She has been
- pretty busy. 걘 꽤 바빴어.
- working here for 3 years. 걘 여기서 일한 지 3년 됐어요.

공식 2

I haven't+pp[I have never pp~]

…해본 적이 없어

- I haven't seen you in ages. 오랜 만이야.
- I've never been there before. 거기에 가본 적이 없어.

공식 3

You've never+pp 넌 …한 적이 없어

You've never
- been to New York? 뉴욕에 가본 적이 없지?
- lied to me. 한 번도 내게 거짓말 안했잖아.

과거는 과거동작으로 지금은 상관없는 일을(I was sick for 2 weeks. 2주간 아팠지만 지금은 아픈지 안 아픈지 모른다), 현재완료는 과거의 동작이 현재까지 미치는 일을(I have been sick for 2 weeks. 2주전부터 지금까지 계속 아프다) 나타내는 독특한 시제이다.

RESTART

방금 프로젝트를 끝냈어. **I have just completed** the project.

방금 연설을 끝냈어. **I've just wound** up my speech.

걔랑 헤어지기로 결정했어. **I've decided** to break up with her.

A: How are things going at your school? 학교에서 어떻게 지내?
B: Never better. My grades **have gone** up this year.
최고야. 성적이 금년에 올랐어.

그런 일은 들어본 적이 없어. **I've never** heard of such a thing.

걔를 결코 본 적이 없어. **I've never** seen him in my life.

걔랑 데이트할 기회가 정말 없었어. **I haven't** really had a chance to date her.

A: How is your father doing these days? 요즘 네 아버님 어떻게 지내셔?
B: I'm not sure. **I haven't** called him in a while.
잘 몰라. 한동안 전화 못 드렸어.

한 번도 내게 거짓말 안했잖아. **You have never** lied to me.

넌 전에 골프를 한 적이 없잖아. **You've never** played golf before.

넌 내 집에서 밤을 지낸 적이 없어. **You've never** spent the night at my place.

A: **You've never** gone out with her. 넌 걔랑 데이트 한 번도 안했잖아.
B: I don't think she is very attractive. 별로 매력적이지 않아.

STEP 03

PATTERN 31

상대방에게 해본 적이 있는지 물어볼 때

...를 해본 적이 있어?

공식 1

Have you (ever)+pp?

…을 해 본 적이 있어?

Have you ever
- tried sushi? 스시를 먹어본 적 있어?
- traveled overseas? 해외여행 해본 적 있어?

공식 2

Have you (ever) seen[heard]~?

…을 (들어) 본 적이 있어?

Have you ever
- seen the photo? 그 사진 본 적이 있니?
- heard of that? 저거 들어본 적 있어?

공식 3

Have you (ever) thought about+명사?

…을 생각해본 적이 있어?

Have you ever thought about
- that? 그거 생각해본 적 있어?
- having children? 애갖는거 생각해봤어?

이번에는 현재완료의 의문형으로 상대방에게 「…한 적이 있는지」를 물어보는 표현. Have you +pp~? 혹은 ever 를 삽입하여 강조하면서 Have you ever+pp~?라고 해도 된다.

RESTART

시카고 가본 적이 있니? **Have you ever** been to Chicago?

호텔 예약을 해본 적 있어? **Have you** made a hotel reservation?

전에 마라톤 뛰어본 적 있어? **Have you** run the marathon before?

A: **Have you** tried kimchi? 김치 먹어본 적 있어?
B: I'm afraid not. 아니 없어.

저런 거 본 적 있어? **Have you ever** seen anything like that?

미확인 비행체를 본 적이 있니? **Have you ever** seen the UFOs?

걔의 숨겨 놓은 애인 들어봤어? **Have you heard** about her secret boyfriend?

A: **Have you heard** that the factory is closing?
너 공장이 문 닫는다는 얘기 들어봤어?
B: No. I'm really surprised. 아니. 정말 놀랍군.

그 가능성에 대해 생각해본 적이 있니? **Have you ever thought about** the possibility?

카운슬링 생각해본 적 있어? **Have you thought about** counseling?

스티브에게 말하는거 생각해본 적 있어? **Have you thought about** telling Steve?

A: **Have you ever thought** your wife might be sick?
부인이 아플 수도 있다고 생각해봤어?
B: That's not possible. She's so energetic. 말도 안 돼. 얼마나 혈기왕성한데.

STEP 03

PATTERN 32

상대방에게 경험의 기간을 말할 때

...한지 ...되었어

공식 1

It has been+기간 ...이 지났어

It has been two years. 2년이 지났어.

It has been a while. 꽤 시간이 지났어.

공식 2

It has been+기간 since 주어+동사

...한지 ...가 되었어

It's been three months since we met.
우리 만난지 3달이 지났어.

It's been a while since we talked.
우리가 얘기한지가 꽤 됐어.

공식 3

How long have you+pp? ...한지 얼마나 되었니?

How long have you been married?
결혼한지 얼마나 됐어?

How long have you lived here?
여기 얼마나 오래 살았어?

과거에 어떤 행위를 한 지가 얼마나 됐는지 그 기간을 말하는 구문으로 현재완료를 써서 It has been+기간 since 주어+동사(과거) 형태로 쓴다. It has been several years since we were married하면 결혼한 기간을 말한다. 그냥 It's been+시간명사로 쓰면 「…한 시간이 됐어[지났어]」라는 표현.

RESTART

기나긴 하루였어. **It has been** a long day.

3년이 지났어. 난 걔를 잊었어. **It's been** 3 years. I'm over him.

내가 신난 것 같아. 오랜 간만이잖아. I guess I'm excited. **It has been** a while.

A: You seem a little drunk tonight. 오늘밤 너 좀 취한 것 같아.
B: **It has been** a while since I had beer. 맥주 마신 지 좀 됐는데.

널 만난지 꽤 오랜만이야. **It's been** a long time **since** I met you before.

우리가 얘기한 지가 꽤 됐어. **It's been** a while **since** we talked.

우리 저녁 먹은 지 3달이 지났네. **It's been** 3 months **since** we had dinner.

A: **It has been** a few days **since** my girlfriend called.
애인이 전화한지 며칠 됐어.
B: Are you having an argument with her? 애인하고 싸웠니?

얼마나 기다린거야? **How long have you** been waiting?

미국에 얼마나 살았니? **How long have you** lived in the US?

걔하고 데이트 얼마나 했어? **How long have you** been dating him?

A: **How long have you** been working on that project?
프로젝트에 매달린지 얼마나 됐니?
B: I have been working on it all day long. 하루 종일하고 하고 있는 중이야.

STEP 03

PATTERN 33

과거에 하지 못한 것을 애통해하며

…했어야 했는데

공식 1

I should have+pp …했어야 했는데

I should have
- said yes. 승낙했어야 했는데.
- come back. 돌아왔어야 했는데.

공식 2

I could have+pp …했을 수도 있었어

- I could have made good money.
  난 많은 돈을 벌 수 있었어.
- It could have happened to anyone.
  누구한테나 일어날 수 있는 일인 걸요.

공식 3

You may have+pp …했을 수 있었을거야

You may have
- heard of it. 들어 본 적이 있을 텐데.
- seen her before.
  전에 걜 봤을 텐데.

should have+pp를 쓰면 「…했어야 했는데」, must+have+pp는 「…이었음에 틀림없다」, may[might]+have+pp는 「…였을 지도 모른다」라는 뜻의 과거 추측이고 could+have+pp는 과거에 그럴 수도 있었지만 실제로는 그렇지 않았다는 의미로 「…이었을 수도 있다」라는 과거의 가능성을 각각 뜻한다.

RESTART

이럴 필요까지는 없는데. **You shouldn't have** done this.

넌 여기에 오지 말았어야 하는데. **You shouldn't have** come here.

그 장면을 보지 말았어야 했는데. **You shouldn't have** watched the scene.

A: I got these for you. 이거 선물이야.
B: Sweetheart, **you shouldn't have!** It's so beautiful.
자기야, 이러지 않아도 되는데. 정말 예쁘다.

누가 이걸 생각이나 했겠어? Who **could have** thought about this?

네가 날 도와줄 수도 있었어. You **could have** helped me.

걘 좀 더 살 수 있었는데. He **could have** lived longer.

A: I'm sorry I'm late again. I got stuck in traffic. 또 늦어 죄송해요. 차가 막혀서.
B: You **could have** taken the subway. 지하철 탈 수도 있었잖아.

걔 이름을 들어봤을 텐데. You **may have** heard of his name.

걔가 침대 밑에서 잔 것 같아. He **might have** slept under the bed.

길 가다가 걔를 만난 것 같아. I **may have** seen him along the road.

A: **You may have** heard of a famous musical, the Phantom of the Opera.
오페라의 유령이라는 유명한 뮤지컬 들어봤을거야.
B: I've already seen it several times. 이미 여러 번 봤어.

STEP 03

PATTERN 34

다른 사람에게 뭔가 하라고 시킬 때

...에게 ...를 시킬게

공식 1

I have+사람+동사 …에게 …를 시킬게

I'll have her go back. 걔보고 돌아가라고 할게.

I had my secretary work on it.
비서보고 그 일을 하라고 했어.

공식 2

I'll get+사람+to+동사 …에게 …를 시킬게

I'll get him to apologize to you.
걔가 너에게 사과하도록 할게.

I got him to turn in the report.
걔가 레포트를 제출하도록 했어.

공식 3

I have+사물+~ing …하게 만들다

I had the water running. 내가 물을 틀어놨어.

I have a computer running in my office.
사무실에 컴퓨터를 켜놨어.

내가 하는 게 아니라 다른 사람에게 …하도록 시킬 때는 사역동사 have를 쓰면 된다. have+사람+동사원형 형태로 쓰면 되는데 다만 get의 경우에는 have 와는 달리 원형 부정사가 아니라 동사 앞에 to가 나와 get+사람+to+동사의 형태가 된다는 것을 유의해야 한다.

RESTART

걔에게 전화하라고 할게. **I'll have him call you back.**

걔보고 나한테 전화하라고, 알았지? **Just have her call me, okay?**

문 열어주고 위층으로 올라오게 해. **Buzz him in and have him come upstairs.**

A: I'll **have** him call you back as soon as he gets in.
걔가 들어오는 대로 전화하라고 할게.
B: Thank you. 고마워요.

걔가 오도록 시켜볼게. **I'll get him to come over.**

걔가 우는 걸 그치게 해! **You got her to stop crying!**

그렉에게 네 차를 고쳐놓도록 시킬게. **I'll get Greg to fix your car.**

A: I'll **get** him **to** apologize to you. 걔가 너에게 사과하도록 할게.
B: You don't have to do that. 그럴 필요 없는데.

네가 자초한거야. **You had it coming.**

내 정보원이 사실을 말하도록 했어. **I have my source telling the truth.**

매일 아침 아들을 조깅시키고 있어. **I have my son jogging every morning.**

A: I am broke right now. 난 이제 빈털터리야.
B: You **had** it coming! 네가 자초한거야!

PATTERN 35

내가 아니라 다른 사람이 했다는 걸 말하고자 할 때

...해버렸어

공식 1

I have+명사+pp …를 …했어

I had
- my room cleaned. 내 방을 청소시켰어.
- my notebook stolen. 노트북을 도둑맞았어.

공식 2

I get+명사+pp …를 …했어

I got
- my car washed. 세차했어.
- my bicycle fixed. 자전거를 고쳤어.

have+목적어 다음에 pp 가 오면 제 3자가 목적어를 pp하였다라는 말. 그래서 I had my hair cut하면 제 3자에 의해 내 머리가 깎임을 당하였다, 즉 미장원 등에서 머리를 깍았다라는 말이 된다.

RESTART

나 사랑니 뽑았어.	**I had** my wisdom teeth pulled out.
내 차를 수리했어.	**I had** my car repaired.
시계를 도둑맞았어.	**I had** my watch stolen.
지갑을 날치기 당했어.	**I had** my wallet snatched.
컴퓨터를 업그레이드 했어.	**I had** my computer upgraded.

A: How can I help you? 어떻게 도와드릴까요?
B: Can **I have** these delivered to this address?
이 주소로 이것을 배달시킬 수 있나요?

금요일까지 이거 끝내야 돼.	You have to **get** this done by Friday.
나 세차했어.	**I got** my car washed.
집을 페인트칠했어.	**I got** the house painted.
보일러를 수리했어.	**I got** my boiler repaired.
모든 게 헷갈려 버렸어.	**I got** all mixed up.

A: Please **get** it done right away. 지금 당장 이것 좀 해줘.
B: Don't worry, you can count on me. 걱정 마. 나만 믿어.

STEP 03 PATTERN 36

다른 사람이 뭔가 하는 것을 보거나 들었을 때

...하는 걸 봤어

공식 1

I see somebody+동사[~ing]

…가 …하는 것을 보다

I saw
- her kissing you. 걔가 너에게 키스하는 걸 봤어.
- him working in the office. 걔가 사무실에서 일하는 걸 봤어.

공식 2

I hear somebody+동사[~ing]

…가 …하는 것을 듣다

I heard
- you speaking ill of me. 네가 날 흉보는 것을 들었어.
- her yelling from behind. 걔가 뒤에서 소리치는 걸 들었어.

공식 3

I felt[watched]+명사+동사[~ing]

…가 …하는 것을 느꼈어[봤어]

- I felt somebody watch me. 난 누군가 날 쳐다보는 걸 느꼈어.
- I watched the kids play in the garden. 난 애들이 정원에서 노는 걸 지켜보았어.

see, hear, feel, listen to, watch 등은 사역동사와 마찬가지로 목적어 다음에 동사원형, ~ing, pp 등이 모두 다 올 수 있으며, 역시 마찬가지로 동사원형[~ing]일 때는 목적어가 능동적으로 동사의 행위를 하는 것이고, pp일 경우에는 목적어가 수동적으로 동사의 행위를 받는 것을 의미한다.

RESTART

네가 팸과 차에서 키스하는거 봤어. **I saw you kissing Pam in the car**

그래, 다들 네가 넘어지는 걸 봤어. **Yeah, everyone saw you fall down.**

내가 욕실에서 춤추는거 봤어? **You saw me dancing in the bathroom?**

A: Is Ann still dieting? 앤은 아직도 다이어트 해?
B: No, I **saw** her eating some cake. 아니, 걔가 케이크 먹는 걸 봤어.

네가 들어오는 소리 못 들었어. **I didn't hear you coming in.**

걔가 나가는 소리를 못 들었어. **I didn't hear her going out.**

걔 부모가 자신에 대해 말하는 걸 들었어. **He heard his parents talking about him.**

A: I **heard** you and Betty talking. 너하고 베티하고 이야기하는거 들었어.
B: Talking about what?! 무슨 이야기를?!

애는 괜찮아. 애가 발로 차는게 느껴져. **My baby's fine. I can feel her kicking.**

부모님이 날 사랑하는 걸 느껴. **I feel my parents love me.**

폭풍이 불어오고 있는 걸 느낄 수 있어. **I can feel a storm blowing in.**

A: Why did you come here today? 왜 오늘 여기 왔니?
B: I want to **watch** Heather act in the play. 헤더가 연극하는 것을 보고 싶어서.

STEP 03

PATTERN 37

이루지 못한 소망을 아쉬워하며

...라면 ...했을텐데

공식 1

if+주어+would[could]+동사

…라면 …할 텐데

It would be nice if we could take a vacation.
우리가 휴가를 얻는다면 좋을 텐데.

I'd be pleased if you could join us for dinner.
저녁식사를 함께 했으면 좋겠네요.

공식 2

If I were you

나라면 …텐데

If I were you,

I wouldn't tell her.
나라면 걔한테 말하지 않았을 텐데.

I would tell everything.
나라면 걔한테 몽땅 말했을 텐데.

공식 3

If I had+pp

…이었다면 …텐데

If I had seen you, I would have said hello.
내가 널 봤더라면 인사 했겠지.

I would have been embarrassed.
널 봤다면 난처했을 뻔했어.

「…라면」이라고 탄식하면서 현재와 반대되는 이야기를 가정할 때는 If 주어+과거 동사, 주어+would/could+V 형태를 쓴다. 「…라면 …했을 텐데」라는 의미. 유명구문으로는 I wouldn't ~ if I were you(내가 너라면 …하지 않을거야), If you were ~, would you~?(만일 네가 ~라면 …하겠니?) 등이 있다.

다시 시작하는 영어

RESTART

시원한 맥주 한잔하면 완벽하겠어. It would be perfect **if we could** have a cold beer.

신디 전화번호가 있으면 전화할 텐데. **If I had** Cindy's number, I would call her.

A: **If I had** his phone number, I would call him.
걔 전화번호를 알면 전화할 텐데.
B: Why don't you try to get his number? 전화번호를 알아내지 그래.

나라면 그런 멍청한 짓을 하지 않을거야. **If I were you,** I would not do such a foolish thing.

나라면 병원 가볼거야. **If I were you,** I would go to see a doctor.

A: What would you say to an offer like that? 그 제안에 대해 어떻게 생각해?
B: **I would** take it. 나라면 받아들이겠어.

널 만났더라면 내 인생은 크게 달라졌을 텐데. **If I had** had met you, my life would have been much different.

열쇠가 있었으면 들어갈 수 있었을 텐데. **If I had** had a key, I could have gone in.

A: **If I had** known it, I wouldn't have gone there.
그 사실을 알았더라면 거기 안갔을 텐데 말이야.
B: But you went. Don't regret it. 하지만 갔었잖아. 후회하지 말라고.

STEP 03

PATTERN 38

정말 하기 싫은 것을 말할 때는 역설적으로

차라리 ...하겠어(차라리 ...가 낫겠어)

공식 1

I'd rather+동사 차라리 …하겠어

I'd rather
- go home. 집에 가는게 낫겠어.
- talk to you. 네게 말하는게 낫겠어.

공식 2

I'd rather A than B B하기 보다는 차라리 A를 하겠어

I'd rather
- die than go back.
  돌아가느니 죽는게 낫겠어.
- have fun than save money.
  난 저축을 하느니 즐기고 싶어.

공식 3

I'd rather not+동사 …하지 않는게 낫겠어

I'd rather not
- drive in Seoul.
  서울에선 운전하지 않는게 좋겠어.
- go out tonight.
  오늘밤엔 외출하지 않는게 좋겠어.

두 개 중 선택할 때 쓰는 표현으로 「…하는 게 낫지」, 「차라리 …할래」라는 뜻이다. I'd(would) rather 다음에 바로 동사원형을 붙이면 되고 반대로 「차라리 …하지 않을래」라고 하려면 I'd rather not+V를 쓰면 된다. 또한 비교대상을 넣어 I'd rather A than B(B하기 보다는 차라리 A하겠어)라고 쓰기도 한다.

RESTART

내가 직접 하는게 낫겠어. **I'd rather** do it myself.

나이트클럽에 가는게 낫겠어. **I'd rather** go to a nightclub.

이건 내가 혼자 하는게 낫겠어. This is something **I'd rather** do alone.

A: I'm going to fix you up with a date. 내가 소개팅 시켜줄게.
B: **I'd rather** go to the party all by myself. 그 파티에 그냥 혼자 갈래.

체육관에 가느니 차라리 산책을 하겠어. **I'd rather** go for a walk than go to the gym.

요즘엔 도쿄보다 차라리 북경을 가겠어. **I would rather** go to Beijing than Tokyo these days.

A: **I'd rather** have fun than save money. 저축을 하느니 즐기는게 나아.
B: You should worry about your future. 미래를 걱정해야지.

오늘 밤엔 외출하지 않는게 낫겠어. **I'd rather not** go out tonight.

아무 말 안하는게 낫겠어. **I'd rather not** say anything.

널 더 이상 만나지 않는게 낫겠어. **I'd rather not** see you anymore.

A: I need to talk to you. Can you please come out?
너랑 얘기해야 돼. 좀 나올래?
B: **I'd rather not.** 그러지 않는게 낫겠어.

PATTERN 39

내가 말하려는 것을 정리해줄 때

내가 말하려는 건 ...이야

공식 1

What I'm trying to say is (that)+주어+동사

내가 말하려는 건 …이야

What I'm trying to say is
- you're so cute.
  내말은 네가 귀엽다는거야.
- he's rich.
  내가 하려는 말은 걔가 부자라는거야.

공식 2

What I'm saying is 주어+동사

내가 말하는 것은 …야

What I'm saying is
- you are wrong.
  내말은 네가 틀렸다는거야.
- I'm not an expert.
  내말은 난 전문가는 아니란 말야.

공식 3

Are you saying (that) 주어+동사?

…란 말이야?

Are you saying that
- this is my fault?
  이게 내 잘못이라고 말하는거야?
- there's a problem?
  문제가 있다는거야?

내가 말하고자 하는 내용을 강조하거나 혹은 한 마디로 정리하고자 하려면 What I'm trying to say is that 주어+동사라 한다. What I'd like to say is~ 혹은 What I'm saying is~ 라 해도 된다.

RESTART

내말은 우리가 계획에 합의했다는거야. **What I'm trying to say is** we agreed on a plan.

내가 말하려는 건 그게 아냐 That's not **what I'm trying to say.**

내말은 걔가 날 아프게 했다는거야. **What I'd like to say is** he hurt me.

A: I don't understand what you mean. 무슨 말인지 이해가 안 되는데.
B: **What I'm trying to say is** I feel lonely. 내가 말하려는 건 내가 외롭다는거야.

내말은 잭이 네가 돌아오기를 바란다는거야. **What I'm saying is** Jack wants you back.

내말은 걔가 문제아라는거야. **What I'm saying is** he is a problem child.

내말은 내가 잘못 봤다는거야. **What I'm saying is** what I saw was wrong.

A: It was an accident. Do you know **what I'm saying?**
그건 사고였어. 내말 알아들어?
B: Maybe or maybe not. 그럴 수도 있고 안 그럴 수도 있지.

넌 걔한데 손하나 까딱 안했다는거야? **Are you saying** you never touched her?

네가 안 그랬다는거야? **Are you saying that** you didn't?

너 그걸 하지 않겠다는거야? **Are you saying** you won't do it?

A: I guess you're not qualified for this job.
당신은 이 일에 자격이 안 되는 것 같아요.
B: **Are you saying** you're not going to hire me? 절 채용 안 하겠다는 말씀이죠?

STEP 03 PATTERN 40

내가 필요한 것을 강조할 때

내가 필요한 건 ...뿐이야

공식 1

All I need is+명사 내가 필요한 건 …뿐이야

All I need is
- good foods.
  내게 필요한 건 좋은 음식이야.
- good friends.
  내게 필요한 건 좋은 친구들이야.

공식 2

All I need to do is+동사

내가 …하는 것은 …하는 것뿐이야

All I need to do is
- work hard.
  내가 해야 되는 건 열심히 일하는거야.
- get this job done.
  내가 해야 되는 건 이 일을 끝내는거야.

공식 3

That's all I need to+동사

내가 …하고 싶은 것은 그게 다야

That's all I need to
- say. 내가 말하고 싶은 건 그게 다야.
- hear. 내가 듣고 싶은 건 그게 다야.

내가 필요로 하는 것을 강조하는 것으로 All I need+명사 혹은 필요로 하는 것이 행동일 때는 All I need to+동사~ 의 형태를 쓰면 된다. 한편 All I'm saying is 주어+동사는 「단지 내말은 …라는거야」라는 의미.

RESTART

내게 필요한 건 얘기를 나눌 사람이야. **All I need is** someone to talk with.

내가 필요한 건 5분뿐이야. **All I need is** five minutes.

내게 필요한 건 예쁜 여친뿐이야. **All I need is** a beautiful girlfriend.

A: I heard that you plan to quit your job. 직장 그만 둘거라며.
B: **All I need is** a better job. 내가 필요한 건 더 나은 직장이야.

내가 할 일은 나 자신을 사랑하는거야. **All I need to do is** love myself.

난 경찰을 부르기만 하면 돼. **All I need to do is** call the police.

넌 여기에 사인만 하면 돼. **All I need you to do is** sign here.

A: I heard your dad will send you money if you need it.
네 아빠가 필요하면 돈 보내주신다며.
B: It's true. **All I need to do is** call my father. 맞아. 아빠에게 전화만 하면 돼.

그게 내가 알고 싶은거야. **That's all I need to** know.

내가 필요한 건 그게 다야. **That's all I need.**

걔를 찾는데 필요한 건 그게 다야. **That's all I need to** find her.

A: Your room has only a desk and a small bed.
네 방은 책상과 작은 침대뿐이야.
B: Great. **That's all I need to** study. 좋아. 공부하는 데 필요한 건 그게 다야.

STEP 03 PATTERN 41

핵심을 축약하여 강조할 때

중요한 점은 ...이라는거야

공식 1

The point is (that) 주어+동사

중요한 점은 …이라는거야

The point is
- I don't feel good about it.
  요점은 그것에 대해 느낌이 좋지 않다는거야.
- I don't need it right now.
  요점은 당장 그게 필요치 않다는거야.

공식 2

The thing is (that) 주어+동사

문제는 …이라는거야

The thing is
- I went bankrupt.
  문제는 내가 파산했다는거야.
- I don't really believe it.
  문제는 내가 그걸 안 믿는다는거야.

공식 3

What is your point? 네 결론은 뭐야?

What is
- your point? 네 결론은 뭐야?
- the point? 요점은 뭐야?

요점이나 핵심을 말할 때는 The point is that 주어+동사의 형태를 사용한다. 그냥 That's the point 하면 "요점은 그거야," That's not the point하면 "중요한 건 그게 아냐"라는 의미이다. 또한 What's the[your] point?하게 되면 "요점이 뭔가?," "하고 싶은 말이 뭔가?"라는 의미의 표현이다.

RESTART

요점은 네가 그걸 할 필요가 없다는거야. **The point is** that you don't have to do it.

요는 네가 제인과 결혼했다는거지. **The point is** that you're married to Jane.

요점은 앤디가 걔하고 함께 있길 바래. **The point is** that Andy wants to be with her.

A: **The point is** that we need to fix the garage.
요는 이 차고를 수리해야 한다는 거야.

B: I know, but we don't have enough money. 알아, 하지만 돈이 충분하지 않아.

문제는 내가 늦을 수 있다는거야. **The thing is** that I might be late.

문제는 걔가 항상 그렇다는거지. **The thing is** that he is always like that.

A: John is a very ugly man. 존은 못생겼어.

B: **The thing is** that John helps everyone.
요는 걔가 모든 사람에게 도움이 된다는 거지.

네 요점은 뭐야? **What is your point?**

중요한 건 그거야. **That's the point.**

중요한 건 그게 아냐. **That's not the point.**

A: **What's the point?** 무슨 소리야?

B: **The point is that** we're paying too much.
문제는 우리가 돈을 더 내고 있다는거지.

MEMO

MEMO

MEMO